バロック音楽原典叢書

フリードリヒ・ヴィルヘルム・マールプルク著
クラヴィア奏法
美しい演奏をめざして
1765年

監修
山田 貢

訳
井本晌二・星出雅子

シンフォニア

Anleitung zum Clavierspielen, der schönern Ausübung
der heutigen Zeit gemäß
entworfen von Friedrich Wilhelm Marpurg,
Zweite verbesserte Auflage. Berlin 1765
Ⓒ 日本語翻訳出版：株式会社シンフォニア

いとも尊き伯爵にしてわが主人
アレクサンダー・ローテンブルク伯
に捧げる

Dem
Hochgebohrnen Grafen und Herrn
HERRN
Alexander
Grafen
von Rothenburg
Meinem
insonders gnädigen Grafen und Herrn.

いとも尊き伯爵にして慈悲深き御主人様

　音楽が最も高貴な楽しみに数えられるようになってすでに久しいものがあります。音楽はいとも尊き伯爵閣下を，音楽上の趣味の繊細さだけでなく，その根本原則に至るすぐれた洞察力を兼ね備えられた世にも稀なる音楽通として讃える喜びを戴いております。私は一再ならず閣下のクラヴィア演奏の確かな腕前を賛美する幸運を得ました。私は本書でその奏法の規則を打ち立てようと試みました。

　慈悲深き御主人様，敢えてこのようなものを捧げる私なりの理由はお分かりいただけると存じます。しかし私の音楽上の余暇から得ました様々な成果に関し，閣下から早々と尊き賛辞を頂戴致しましたからこそ，あらゆることを乗り越えて，私は本書を閣下のご高覧に供する決心を致した次第で御座います。この努力が閣下の御高覧に値すべき本書にふさわしいものでありますよう，いとも尊き伯爵閣下が私に変わらぬご好意をお示し下さる由も知り得ることができましたなら，私のミューズの神はさらに次の試みへと向かう勇気を得ることで御座いましょう。

いとも尊き伯爵閣下に全き崇敬の念を表する名誉をもって
1754年9月14日，ベルリンにて

忠実なるしもべ
マールプルク

まえがき

　私の『クラヴィア奏法』[訳注]を喜んで下さった皆様の寛大な御心に勇気づけられて，私は本書をより完全なものとして皆様に読んで頂くことにしました。ある問題に関する知識が一冊の本にまとめられるのをお望みの愛好家もおられましょう。口頭でのレッスンの利点を必ずしも十分には享受できない方ももっとおられましょう。その両方の方々にこの教本はきっと役に立つことと思います。

　装飾法は，かつてなかった全く別の新しい方法で扱われているのがお分かり頂けると思います。作曲法の原則にまでさかのぼり，一方から他方を派生させる方法は，ものごとを秩序立てて考える習慣をお持ちの方々に歓迎されるものと信じます。

　運指法については特に私自身の手ではなく，あらゆる人にとって演奏しやすいように原則を立てる努力を致しました。

　あれこれいくつかの点で著名な方々の見解と相違するところもあるかもしれません。その方々に私と意見を異にされる理由がおありなように，私にも私なりの理由があります。だからと言って，その他の点に関しては私はその方々の業績を讃えるのにいささかの躊躇もありません。「プラトンはなつかし，されど真理はさらになつかし」。私は本書の評価を好意的な分別ある読者にゆだねます。

　1754年

訳注：Die Kunst das Clavier zu spielen, 1750

目　次

まえがき	5
本書の構成	8
第1部　クラヴィア演奏の理論的原則	9
序論	9
第1章　7つの幹音と鍵盤上での位置について	14
第2章　5つの派生音と変化記号について	16
第3章　音符，音価，五線について	19
第4章　音部記号について	21
第5章　拍子について	23
第6章　休符について	33
第7章　様々な記号について	35
第8章　調について	39
第9章　装飾について	44
第1節　作曲上の装飾について	44
第2節　演奏上の装飾について	52
1. ベーブングについて	54
2. アクサンについて：I. フォアシュラーク　II. ナハシュラーク	54
3. ドッペルフォアシュラークについて	60
4. シュライファーについて	62
5. ドッペルシュラークについて	63
6. トリラーについて	65
7. モルデントについて	71
8. ツェルグリーデルングまたはブレッフング	72
第2部　クラヴィア演奏の実践的原則，または運指法	75
序論	75

第1章　各指の特殊な用法について･･････････････････････････ 76
　　第2章　多声部楽曲の運指法について･･････････････････････ 84
　　第3章　運指法規則の詳細な適用について･･････････････････ 90
　　　第1節　回転的楽句と音階的楽句の運指法について･････････ 92
　　　第2節　分散的音型と跳躍的音型の運指法について･･･････ 98
　　　第3節　混合的音型の運指法について･････････････････････ 100
索引･･･ 101
譜例　表XV～表XIV〔応用曲〕････････････････････････････････ 108
F．W・マールプルク著「クラヴィア奏法」によせて　山田　貢･････････ 113

凡　例

1. 専門用語については「クロイツ（十字形，シャープ）」のように，原則として「原語のカタカナ表記（直訳，日本の樂語）」の順に記載し，他は日本の樂語を使用した。
2. カタカナで発音表記した用語の原語は巻末索引にある。
3. ドイツ語の綴りは，本文，索引ともに原著にしたがった。
4. 本文中に補助的に入れた訳注は〔　〕訳語は（　）で示した。
5. 音名と調名のドイツ語，速度と強弱に関するイタリア語の樂語はそのまま用いた。
7. 付点の欠落は加筆した。表X，譜例(4)および(5)は作成し直した。
8. 原著では譜例は巻末にまとめて掲載されているが，本書では該当する箇所に挿入した。表および譜例の番号は原著と同じである。
9. 原著の索引には，ドイツ語の見出し語のほかに，もとになる外国語，同義語，簡単な説明があり，また関連する内容を小見出しとして載せるなどの工夫がなされているので，全訳し，他にいくつかの用語を追加した。
10. 譜例中の原語　pro　は「A pro B ＝Bの代りにA」のように日本語の語順と逆になる。誤解を避けるために矢印→で変化の方向を示した。
11. カール・フィリップ・エマヌエル・バッハは原著では「バッハ氏」と記されているがC. P. E. を加えた。

本書の構成

　クラヴィアの演奏法を学ぼうとする者は，まず何よりも音，即ちクラヴィア上での音の位置，音符の書き方，音価とその決め方，音のつながりから生まれる調，音部記号，休符，そして装飾法について学ばなければならない。そのための部分が本書の第1部，理論編である。

　これらすべてに慣れたら，指の様々な小さな予備練習を通してより大きな試練への準備を始める。それらを身につけたら，先へ進む。しかし指はまだそれぞれ特殊な進行に関して訓練が十分ゆき届いていないから，正しい運指を確実なものにするために次のような問題点に備えなければならない。すなわち考えられるすべての一般的問題，作曲技法から生まれる浮動的音型，走句的音型，回転的音型，分散的音型，これらが混合した音型，1声部または多声部のメロディー，右手と左手で弾く大きな調と小さな調のすべての音である。これらの実践的な練習をすれば，どんなものでも解決できない問題はない。そのための部分が本書の第2部，実践編である。

第 1 部
クラヴィア演奏の理論的原則

序論

§1

　クラヴィア奏者の中には，音楽の原則をよく知っていながら，それを他人に伝えるのに何から始めたらよいのか分からない者がいる。最初にすべきことと後にすべきことを取り違えたり，生徒に対して教え足りなかったり，一度に多くのことを教え過ぎたりする。これでは先生の言うことを生徒が理解できないのも不思議ではない。先生自身が何も分かっていないことが多いからである。そこから容易に想像されることであるが，非常にすぐれた才能をもっていてもなかなか進歩しないとか，1カ月で習得できることに何年も大変な苦労を傾けてようやく達成するとか，自分が習得したことについてすら何の説明もできないということも起きるのである。

§2

　すぐれたクラヴィア演奏に必要な音楽の基礎知識を秩序だてて説明している今日の方法は，教える苦労だけでなく，生徒の時間と苦労をも軽減してくれる。これだけでも十分に注目に値する利点をもっている。しかし本論に入る前に，一般的な知識を二三述べて置く必要がある。

§3

　クラヴィアの練習は年齢的に早目に始めるほど一層進歩することは間違いない。もっとも，かなり遅く始めた人が非常に上手になったり，非常に早く始めながら少しも習得できなかったりする例もしばしば経験の教えるところではあるが。6歳か7歳より前に始めるのが最も効果的だとも言い切れない。

§4

　クラヴィアの硬い鍵盤は幼い人の柔らかい手には非常に有害である。打鍵することだけにすべての神経が集中して筋肉が固くなる癖がつくからである。そこから，演奏が乱暴でぎごちなくなったり手の形がくずれたりする事態も生まれる。指の練習は，初めからフリューゲ

ルでするのが有益である。そうしてこそ初めて必要な強さが得られる。しかし，ジャックには非常に柔らかい爪をつけておかなければならない。さもなければ，レジスターを1つだけ使うべきである。したがってクラヴィコードよりもフリューゲルの方がよい。音が消えにくいので，音価が終わった後，生徒が鍵盤から指をすぐに離したかどうかが聞き取りやすい。そうすることで，べたついた感じの演奏も防ぐことができる。

訳注：チェンバロ

§5

　鍵盤のちょうど中央に坐るようにする。左手が鍵盤の右端に，右手が鍵盤の左端に届くようにすべきである。鍵盤からの距離は，両手が鍵盤の両端に届く姿勢が取れるように，かつ近すぎて上腕を垂直に落とした状態から後ろに引けないようにすべきである。腕の長さには個人差があるが，その距離は身体の中央で計って6ツォルから10ツォルの間になる。

訳注：1ツォル＝2.3〜3.0cm

§6

　クラヴィアの椅子に腰掛ける時には高さが適切でなければならない。高すぎたり低すぎて親指の付け根と肘の線が手前に向かって傾斜してはいけない。いずれの場合にも，手が疲れてしまう。格好の良し悪しは別問題である。肘の下側と手と腕を結ぶ関節の下側，および下向きに曲げた指先が水平な直線になるのが正しい。一方のこぶし（指の付け根の関節）を鍵盤から離れるほどの高さにしたら，もう一方のこぶしも同じ高さにしなければならない。ただし，こぶしの関節が飛び出したりへこんだりしないようにする。

§7

　子供は，足が床に届かない場合には足台を用いるが，身体が前後に動いて不安定にならないようにする。

§8

　フリューゲルでキーからキーへ移る際，打鍵の強さやタッチが変わらないようにする。手を高くはね上げるなど乱暴な動作をしない。手をキーにたたきつけない。指は丸くそろえてそのアーチ型からはみ出さないように鍵盤の上にかまえる。指は伸ばしたり縮めたりしない。指の一部分が鍵盤から下へ落ちて親指の付け根で鍵盤を押したり，例えば人指し指を鍵盤の上で伸ばしたままにしないようにする。キーの上で指を不注意に滑らせたり，強調するあまりたたきつけたりしない。フリューゲルではどんな風にキーを打鍵しようと同じだとか，フルートだけがアンブシュア〔管楽器における唇の状態〕によって音の響きに違いが出るとか，またはヴァイオリンだけがボーイングの違いによって音に差を出すことができるなどと考えないでいただきたい。フリューゲルでは，キーを柔らかく打鍵しようが木の音が聞こえるほど強く叩こうが，音自体は常に変わらないというのは間違いない。しかし連続した多くの音を互いに結び付ける方法は，それを演奏する人の数ほど種々様々である。その方法次第で心地よさの程度も変わるから，耳に楽しみを与えるための打鍵の仕方にも正しい方法はたった1つしかないということになる。この点，クラヴィコードではその差が一層大きく感じられるのは当然である。勉強を始めようとする子供には，特にトリラーやモルデントで緊張して固くなり，そこを強調し，1つの音だけを際立たせる傾向があるから，キーがどんなに軽くても，完全にリラックスして，指はまるで何事もないかのように自由に任せるべきだということを最初のレッスンの時から理解させるべきである。

§9

　顔つきや身振りにも注意すべきである。しかめっ面をする，うなづく，息をはずませる，口を曲げる，歯ぎしりする等，愚かしいことをしてはならない。こういう誤りを身につけてしまったら，レッスンの時以外には譜面台の上に鏡を置いて直すべきである。

§10

　トリラーやモルデントのように非常に難しくて，なかなかうまくできない装飾音は，最初の段階からすべての指で生徒に練習させるべきである。そうすることによって，筋肉も一層柔軟性に富み，しなやかになる。タッチが均等かどうか，速くなったり遅くなったりしていないかどうか，いわゆるメッケルン(山羊の震えるよう啼き声)をはっきり聞き取るために，

楽に弾くことができる自然な速さで，生徒にこのような装飾を常に長く続けて弾かせてみるとよい。神経がまったく鈍いなら別だが，その装飾はだんだんと鮮明になるものである。常に非常に速いが不均等なトリラーよりも，速さはそれほどでなくても均等なトリラーを演奏できる方がよい。速い箇所，短い音符のところではこのような不均等性ははっきりとは耳に感じられないが，長い音符になると目立ち，聞くに耐えられなくなる。指が正確に動かなくてトリラーが途中で途切れたらなおさらである。この点については次の項でも述べる。

§11

　初期の段階では，幼い人達にレッスンが終わってから一人でさらに勉強させるのはよくない。決められた両手の形を保つよう努力せよというのは無理というものである。彼等は熟練した先生が45分かけて入念に築き上げたものを，間違った練習の繰り返しによって瞬時に駄目にしてしまう。

§12

　楽譜を見て演奏する時に，その都度キーに目をやったり，そこから目を離したりしないですむように，キーをすばやく見つける習慣をつけなければならない。

§13

　しかし，どんな曲にせよあらゆる種類の予備練習曲が楽に弾けるまでは，初心者に譜面を見ることを始めさせるべきではない。目で音符を追わなければならないのに，指の動きを不自然にしてはいけない，ねじ曲げてはいけない，ましてや装飾音もすらすらひきなさいと言うのは，そもそも無理な話しであろう。始めはすべて暗譜で勉強させるべきである。音符通りに演奏することと同じくらい，いやもっと多くのことが演奏の美しさや優雅さと関係している。そのためには二三箇月やそこらでは十分でない。幼い初心者には両手を一緒に使わせる前に，片方の手だけで別々に音符通りに弾かせるべきである。

§14
　先生の中にも生徒を最初から難しい教材や課題で苦しめたがる者がいる。難しいことをマスターすれば，やさしいことは難なくできると思っている。しかしこの考え方は間違っている。すべては時間と練習次第である。何をしているのかを最初から即座にわからないなら，後になってそれを習得するのは不可能である。それに生徒は簡単に習得できるものを与えられれば楽しくなり，学習意欲も一段と増してくる。次第に，そして言わば冗談を言い合いながら少しずつ難しいものを与えられて，最後に最も難しいものに立ち向かう。しかし難しい教材を早くから与えられると，全くやる気をなくしてしまう。

§15
　最初のうちは速いテンポで弾くことも控えた方がよい。これは不明確さ，混乱への第一歩となり，正しい運指を乱すことが多い。

§16
　適切な練習曲を使ってすべての指が均等になめらかになるように努力すべきである。親指も小指も例外ではない。どちらかでも運指の練習から除外するような先生は生徒を台なしにすると思ってよい。人間はもっと多くの指が備わっていたとしても，そのすべてを使うことができるだろう。

§17
　できる限り完全に弾けるまでは，どの課の練習も終わらせてはならない。生徒の進歩は，取り組んだ曲の数ではなく，正しくすらすらと演奏できるかどうかで判断されなければならない。

第1章
7つの幹音と鍵盤上での位置について

§1

　クラヴィアの鍵盤は大小2つのキーから成る。小さなキーは常に2つと3つのキーが一組となって交互に現われる。2つの小さなキーの左隣にある大きなキーがcである。右に向かって続く2番目のキーがd，3番目がe，4番目がf，5番目がg，6番目がa，7番目がhである。8番目は再びc，9番目は再びd，以下同様である。つまりhの後は常に最初から数え直すことになる。

§2

　このｃｄｅｆｇａｈの7つをハウプットトーン（主要音，幹音）と呼ぶ。これらは楽器の1段の鍵盤上に何度も現われる。つまり1列の鍵盤はいくつものグループから成る。これら7つの幹音の繰り返しはグループとして理解しているわけであり，普通のクラヴィアにはこのグループが全部で4つある。各グループの7番目に続く最初の音は半音だけ離れている。つまりこの8番目の音は最初の音とオクターヴ（8度）をなすから，鍵盤上の本来の8番目は除くことになるが，クラヴィア上の各グループをオクターヴと呼ぶ習慣であり，これからこの名称を用いる。

§3

　第1オクターヴには最も低い音のグループで，「大字オクターヴ」と呼ばれる。
　第2オクターヴは「小字オクターヴ」または「点なしのオクターヴ」と呼ばれる。
　第3オクターヴは「1点オクターヴ」と呼ばれる。
　第4オクターヴには最も高い音のグループで，「2点オクターヴ」と呼ばれる。その次のcは「3点c」である。
　次の表の通りである：

　　　ＣＤＥＦＧＡＨ　ｃｄｅｆｇａｈ　ｃ'ｄ'ｅ'ｆ'ｇ'ａ'ｈ'　ｃ"ｄ"ｅ"ｆ"ｇ"ａ"ｈ"ｃ'''
　　　大字オクターヴ　　小字オクターヴ　　　1点オクターヴ　　　　　2点オクターヴ

オクターヴは左から右へ，つまり低い音から高い音へ向かって数える。鍵盤上ではどのオクターヴも同じに見えるから，どれか１つをしっかり認識し，そこからその他を識別する必要がある。

§ 4

クラヴィアのキーがこの４オクターヴの範囲を越える場合には，低音はコントラ，高音は３点オクターヴと呼ばれる。これは今日の大抵のクラヴィコードやフリューゲルに見られる。鍵盤の範囲で言えば，コントラＦから３点 f までである。つまり５オクターヴであるが，もっと広いこともある。

第2章
5つの派生音と変化記号について

§1

幹音と幹音の間にある5つのネーベントーン（副次音，派生音）を理解するには，音と音を比較できなければならない。1つの音と次の音の間隔を音程と呼ぶ。

最小の音程は半音である。例えばcとその隣上方の小さいキーとの間隔は半音である。さらに，その小さいキーとdの間隔も同じ関係で続く。

§2

半音2つで1つの全音となる。したがってcからdまでは全音である。前項で見た通り，その間には半音が2つ〔c-c♯, c♯-d〕あるからである。

§3

これで7つの幹音はいずれも半音分だけ上げたり下げたりすることができることがわかる。この目的で用いる記号を変化記号と呼ぶ。半音上げるにはクロイツ（シャープ），半音下げるには丸いベー（♭, フラット）をつける。シャープは半音上げる記号〔嬰記号〕，フラットは半音下げる記号〔変記号〕と呼ばれる。

§4

次に5つの派生音を取り上げる。派生音の名は，幹音を半音上げたり下げたりした場合の幹音の名称から取る。上げた場合には幹音の名称に－is，下げた場合には－esをつける。但しe，a，hには例外があり，次の表のようになる。

シャープで高くした場合：		フラットで低くした場合	
c → cis	表I，譜例1	d → des	譜例6
d → dis	譜例2	e → es	譜例7
f → fis	譜例3	g → ges	譜例8
g → gis	譜例4	a → as	譜例9
a → ais	譜例5	h → b	譜例10

§5

さらに次のように派生音が幹音のキーに重なることもある。

  高くした音   低くした音

   e → eis 譜例11   c → ces 譜例13

   h → his 譜例12   f → fes 譜例14

§6

クラヴィアのようにfisとges, asとgis, eisとf などを同じキーで弾く場合でも必ず幹音から高くした音か，低くした音かで音名を区別しなければならない。このためには，クラヴィアを弾き始めたらすぐにこのような二重の命名を教えるべきである。必ずしも意図的に無視しているのではないだろうが，しばしば混同されがちである。

§7

1つの幹音からそのオクターヴまですべての音を数える。つまりすべての幹音と派生音をまとめると，12個の半音，または6個の全音が得られる。これら12の音程があらゆる作曲の素材になる。

§8

1つの音を半音2個分，したがって全音1個分高くしたり低くしたりするには，まず前者の場合は一般に大きくて単純な×印（ダブルシャープ）を用い，音名はドッペルチス（重嬰ハ），ドッペルディス（重嬰ニ）等，またはチスチス（ciscis），ディスディス（disdis）と呼ぶ。表

Ⅰ，譜例15。後者では大きな丸いベー（ダブルフラット）を用いる。音名はドッペルゲス（重変ト），ドッペルアス（重変イ）等，またはゲスゲス (gesges)，アスアス (asas) 等となる。譜例16。

§9

どちらの変化記号に対しても第3の記号が用意されている。撤回のための記号（本位記号）であり，一般に正方形のベーまたは四角いベー（ナチュラル）と呼ばれる。シャープやフラットをつけて高さの変わった音を本来の位置に戻すのに用いられる。フラットによって半音下げられていた音が再び半音上がることになる。表Ⅰ，譜例17。シャープで半音上がっていた場合には再び半音下がることになる。譜例18。前者ではナチュラルの代わりにシャープ，後者ではナチュラルの代わりにフラットを用いることも多い。しかしこの書き方は適切ではないので，真似をしてはいけない。

第3章
音符，音価，五線について

§1

音を表記するには音符を用いる。最もよく使われるものを次に挙げる。

1) 全音符（丸，四4分音符）　　2分音符2つ分に当たる。　表Ⅰ，譜例20 (a)
2) 2分音符（白，二4分音符）　　4分音符2つ分に当たる。　　　　　　(b)
3) 4分音符　　　　　　　　　　8分音符2つ分に当たる。　　　　　　(c)
4) 8分音符　　　　　　　　　　16分音符2つ分に当たる。　　　　　　(d)
5) 16分音符　　　　　　　　　　32分音符2つ分に当たる。　　　　　　(e)
6) 32分音符　　　　　　　　　　64分音符2つ分に当たる。　　　　　　(f)

表Ⅰ
20
(a) (b) (c) (d) (e) (f)

32分音符にさらにもう1つ 符鈎〔旗〕がつくと64分音符になる。　　　　(g)

等

§2

あまり見慣れない音符を次に挙げる。

(1) 最長音符　8つの全音符，つまり長音符2つ分に当たる。　表Ⅰ，譜例19 (a)
(2) 長音符　　4つの全音符，つまり短音符2つ分に当たる。　　　　　　(b)
(3) 短音符　　全音符2つ分に当たる。　　　　　　　　　　　　　　　(c)

表Ⅰ 19 (a) (b) (c)

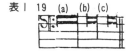

§3

これらの音符だけでなく，その他すべての音楽上の記号を記すには，等間隔に引いた5本の線を用いる。これはシステムまたは譜表と呼ばれ，それぞれの線や間が音の高さを表わす。5本のうち一番下が第1線，一番上が第5線である。その他も順番に数える。メロディーが5線を越える場合は，上や下に小さな加線を加える。

§4

音符をその音価の半分だけ延ばすためには，その後ろに点を付ける。表Ⅰ，譜例21(a)。
点を付けると次のようになる：

　　付点全音符　　　2分音符3つ分
　　付点2分音符　　4分音符3つ分
　　付点4分音符　　8分音符3つ分
　　付点8分音符　　16分音符3つ分
　　以下同様。

同様に音符を延ばすタイについては第7章で説明する。

注釈

付点を非常にシャープに響かせたい時，つまりそれに続く短い音を音価が要求するよりももっと生き生きと演奏してほしい時には，複付点を用いる。この場合，後続の音符がさらに半分だけ短くなる。例えば譜例21(b)を(c)のように演奏し且つタイの記号を使いたくなかったら(d)のように書く。以下も同様である。複付点がないのに作曲者の意図を読み取れと言っても無理である。作曲者は演奏者に自分の意図を知らせるに当たってタイと複付点のどちらかを使うという2つの方法を持っているのだから，少し別の方法で演奏してもらいたければ，なぜ他の方法で書こうとしないのか，つまり付点を1つだけ付けてそれを1.5個分の付点と読んでもらいたいのか，私には分からない。タイについてはここで述べたことに関して，前もって第7章を読んで頂くのもよいであろう。

訳注：以前は(b)を演奏習慣で(d)のように演奏させ，記譜の明確性の望まれるゆっくりとした曲の中では(c)の方法がとられた。

第4章
音部記号について

§1

非常に多くの高音や低音がある場合，上か下かに一定の音の高さを示す何らかの記号が最初に示されていて，そこから他のすべての音が順番に読み取れるようになっていないと，線や間の音名が分かりにくいだろう。そのための標識が音部記号であり，次のような種類がある。

へ音記号
ハ音記号
ト音記号

§2

へ音記号は，第3線，第4線，まれに第5線上に置かれる（表Ⅰ，譜例22 (a), (b), (c)）。それが置かれている線が常にｆになる。ｆの上の間はｇ，ｆの下の間はｅ，ｆの上の線はａ，ｆの下の線はｄ等となる。この音部記号で示されるｆはクラヴィアでは常に変わらず第2オクターヴまたは点なしオクターヴの小字ｆである。

§3

ハ音記号は，第1線，第2線，第3線または第4線上に置かれる（表Ⅰ，譜例23 (a), (b), (c), (d)）。それが置かれている線が常にｃになる。ｃの上の間はｄ，ｃの下の間はｈ，ｃの上の線はｅ，ｃの下の線はａ等となる。この音部記号で示されるｃは常に1点オクターヴの最初のｃである。

§4

ト音記号は，第1線または第2線上に置かれる（表1，譜例24(a),(b)）。それが置かれている線が常にgになる。gの上の間はa，gの下の間はf，gの上の線はh，gの下の線はe等となる。この音部記号で示されるgは常に1点オクターヴのgである。

訳注：原著では譜例24(a)にもト音記号が第2線にあるが，第1線の誤り。

§5

クラヴィアの初心者には2つの音部記号，つまり第4線上のヘ音記号と第2線上のト音記号で済ませるのが最も分かりやすい。第1線上のハ音記号は声楽用であり，高音になると多くの加線が必要になってフリューゲルには向かない。しかし演奏技術が進歩するにつれて，他の音部記号で書かれた作品を演奏する場合に前もって自分用に移し変えてもらわずに済ませるには，ハ音記号やその他すべての音部記号に通じていなければならない。

§6

第4線上のヘ音記号と第1線上のト音記号，第5線上のヘ音記号と第2線上のト音記号とがそれぞれ音名に関して同じであることはすぐに分かる。しかし各音部記号の基準となる音のオクターヴ位置の違いによりそれらの音の高さは異なる。

第5章
拍子について

§1

　これまで我々は音価について学んだ。次に音符の分割や長さの測り方について学ばなければならない。これが拍子であり，一定の時間内に演奏されなければならない幾つかの音符を正確に配分することに他ならない。

§2

　しかしこの時間は長くも短くも取ることができる。その長短に応じて音符は遅くも速くも扱われる。つまり例えば全音符や2分音符などを作る時の基準となる時間の長短，言い換えればそれらを作るべき速度の尺度を決定できなければならない。拍子の動きや速度を知らなければならないということである。この動きは一般にイタリア語の形容詞で示される。速い動きと遅い動きをそれぞれ3つの主要基準で表わすのが最も一般的である。

(α) 速い動きの主要基準（速く flüchtig, 迅速に hurtig, 生き生きと lebhaft,
　　明るく munter, 急いで schnell, eilig, さわやかに frisch 等）には次のものがある。

非常に速く sehr geschwind 非常に活発に sehr bewegt	速く geschwind 活発に bewegt	速すぎずに nicht zu geschwind やや速く weniger geschwind, やや活発に weniger bewegt ほどほどの速さで mäßig geschwind
Presto, Prestissimo Allegro assai Allegro di molto Velocissimo Vivacissimo など	Allegro Veloce Vivace Poco presto など	Allegretto Poco allegro Poco Vivace Poco Veloce Moderato Allegro ma non troppo 　(non tanto, non presto) など

これらの動きの中に，楽しそうに lustig, 喜ばしそうに freudig, 陽気に fröhlich, 満足げに vergnügt, 厚かましく frech, 反抗的に trotzig, 大胆に verwegen 等も入る。

(β) 遅い動きの主要基準（ゆったりと gemächlich，落ち着いて gelaßen，楽に bequem，ゆっくりと ruhig，けだるく träge など）には次のものがある。

非常に遅く sehr langsam	遅く langsam	遅すぎず nicht zu langsam
		やや遅く weniger langsam
		適度に遅く mäßig langsam

Adagio assai	Adagio	Andante, Poco Adagio
Adagio di molto	Largo	Andantino, Poco Largo
Largo } assai または di molto	Lento	Larghetto, Poco Lento
Lento	など	など
など		

これらの動きの中に，悲しそうに traurig，嘆くように klagend，悄然と betrübt，つつましやかに sittsam，控えめに bescheiden なども入る。

§3

もともと動きを表わすこれらの言葉と，楽曲の性格や感情などを示す副詞が結びつくことも多い。例えば，

Affettuoso (rührend) 感動的に

Allabreve　カペラ様式の速い偶数拍子で使われる

Alla capella　Allabreve と同じ

Amoroso (verliebt) 愛らしく

Arioso (ariöß, sangbar) 歌うように

Cantabile　Arioso と同じ

Con discrezione　Tempo giusto と同じ

Dolce, Dolcemente, con Dolcezza, (angenehm, sanft) 心地よく，やさしく

Doloroso (schmerzlich) 悲しげに

Grave (ernsthaft) 荘重に

Grazioso (gefällig, reizend, artig) 優雅に

Lagrimoso (klagend, wehmühtig) 悲しげに

Languido (schmachtend, seufzend) 消えるように

Lugubre (kläglich, stöhnend) 悲しみに満ちて

Lusingando (schmeichelnd, liebkosend) 甘美に，色っぽく

Maestoso (erhaben, majestätisch, heldenmäßig) 崇高に，堂々と，

Mesto (betrübt) 憂鬱げに

Pesante (gewichtig) 重々しく

Pomposo (prächtig) 華麗に

Scherzando (scherzhaft) おどけて

Siciliana, alla Siciliana シチリアの羊飼いの舞曲のテンポと性格で

Soave, Soavemente (lieblich) 甘美に

Spiritoso, con Spirito (feurig, hitzig) 情熱的に，激しく

Tempo di（たとえば Minuetto）（メヌエット）のテンポで

Tempo giusto　正しいテンポで，曲に
　　合わせて速すぎずまた遅すぎず
con Tenerezza (zärtlich)　　やさしく
Tranquillamente (zufrieden, geruhig)
　　静かに，落ち着いて

§4

　こういう様々な動きが本来どの程度のものなのかという問題があるが，これは経験から学ぶしかない。全音符を4分音符のように速く演奏したり，逆に4分音符を全音符のようにゆっくり演奏したりする場合も見受けられる。

§5

　次に拍子そのものを見よう。拍子には偶数拍子と奇数拍子の2種類がある。
　　偶数拍子とは各小節が偶数に分割され得る拍子。
　　奇数拍子とは各小節が偶数に分割され得ない拍子。奇数拍子は一般に3拍子系と呼ばれる。

§6

　偶数拍子も奇数拍子も単純拍子と複合拍子に分けられる。
　　単純拍子とは，各拍が偶数部分に分割され得るもの。
　　複合拍子とは，各拍が偶数部分に分割され得ないもの。

§7

　これら様々な種類の拍子を説明する前に，前提となる注意をいくつか挙げておく。
1）拍子の種類を表わす記号は，常に優先させるべき調子記号がついていない限り音部記号の直後に置く。

2）拍子は作品中で1度だけ，つまり冒頭で示す。途中で変えるときは，変更する位置に新しい拍子記号を示す。

3）拍子を構成する主要音符の種類と数は一般に上下に並んだ2つの数字によって示す。下の数字が主要音符の音価，上の数字が1小節中のその音符の数を示す。

4）各小節の枠は作品の最初から最後まで，五線に対して垂直に引いた線で示す。

5）どんな拍子にも良い拍（強拍）と悪い拍（弱拍）がある。良い拍とは長さを内在している拍で，メロディーにおいて区切りや段落になる能力のある拍である。悪い拍とは短さを内在している拍で，普通の方法では区切りになる能力がない。どの部分が良い拍か悪い拍かは拍子の種類によって分かる。ここで見ていこう。

訳注：フリューゲルでは  のように強調音は記譜上の音価より長く奏される。

1．単純偶数拍子

通常の単純偶数拍子には次のようなものがある。

(α) 2分の4拍子。これはそれぞれ2分音符からなる拍を4拍持つ。大きなアラブレーヴェも呼ばれ，たいていはフーガやその他の対位法的な楽曲でのみ使われる。音部記号の脇に，大文字のCに縦線を貫いた形〔¢〕で示される。表Ⅰ，譜例25。$\frac{4}{2}$と書いた方がよいが，Cを使うなら，この大きなアラブレーヴェと後に述べる小さなアラブレーヴェを区別するために線を2本引くべきであろう〔¢〕。この拍子は基本的には2分の2拍子の2小節分を1つにまとめたものに他ならない。

表Ⅰ 25

(β) 4分の4拍子。これはそれぞれ4分音符からなる拍を4拍持つ。大文字のCでも示されるが，$\frac{4}{4}$と書いた方がよい。表Ⅰ，譜例26。この拍子は4分の2拍子2小節分を1つにまとめたものに他ならない。

表Ⅰ 26

注釈

この2つの拍子はいずれも4つの拍を含んでいるから，一層はっきりさせるために，必要なら目で見えるように手で4回打つことによって拍子を示す。この4回打つ方法が表Ⅰ，図46のように十字形であるか，図47や図48のように四角形であるかは，基本的には同じである。しかし図47の方法が容易で，分かりやすい。

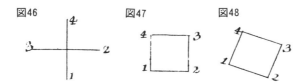

第1打と第2打を合わせて下拍、第3打と第4打を合わせて上拍と呼ぶ。

下拍と上拍のそれぞれ最初の拍が良い拍（強拍）に当たる。上拍と下拍のそれぞれ最後の拍が悪い拍（弱拍）になる。したがってこの2種の偶数拍子では4拍に対し2つの良い拍がある。つまり2分の4拍子では1番目と3番目の2分音符が良い拍であり、4分の4拍子では1番目と3番目の4分音符が良い拍である。そしてやはり4拍に対し2つの悪い拍がある。前者では2番目と4番目の2分音符、後者では2番目と4番目の4分音符が悪い拍である。

2分の4拍子で2分音符を4分音符にというように各部分を細分割した場合には、そこから生まれる8つの4分音符のうち第1、3、5、7拍が良い拍であり、第2、4、6、8拍が悪い拍である。

4分の4拍子に関しても4分音符を8つの8分音符に細分割して同じことを試みる。やはり第1、3、5、7拍が良い拍で、第2、4、6、8拍が悪い拍である。テンポに関して言えば一般に大アラブレーヴェと4分の4拍子の違いは、前者の2分音符と後者の4分音符とは同じ長さであるという点にあり、以下もその割合で行なう。

記号に関して言うと、単なる大文字のCと、縦線を貫いたC〔¢〕を混同するという誤りがしばしば見られる。作品の性格に関して、それが2つの部分を持った拍子なのか4つの部分を持った拍子なのかを知るには、そこに含まれるもっとも速い音符やフレーズの切れ目から判断しなければならない。

(γ) 2分の2拍子。これはそれぞれ2分音符からなる拍を2拍含む。小アラブレーヴェと呼ばれる。大きく2と書くかまたは縦線をひいた大文字のC〔¢〕で示される。しかしこれも誤って単に大文字のCだけになっているのがしばしば見られる。表Ⅰ、譜例27。やはり $\frac{2}{2}$ と書いた方がよいだろう。この拍子は2分の4拍子を半分に分割したものに他ならない。

(δ) 4分の2拍子。これはそれぞれ4分音符からなる拍を2拍含む。$\frac{2}{4}$ のように示される。表Ⅰ、譜例28。この拍子は4分の4拍子を半分に分割したものに他ならない。

注釈

この2つの拍子はいずれも2拍ずつのまとまりを持っているから、外見的には手を2回打つことによって拍子を示す。表Ⅰ、図49。

この拍子には良い拍は1つしかない。下拍がそれに当たる。悪い拍は上拍に当たる。いずれの拍も細分割すれば、2分の2拍子では4分音符4拍の中で第1拍と第3拍が良い拍、第2拍と第4拍が悪い拍になる。4分の2拍子で各4分音符を8分音符4拍に細分割すると、良い拍は1番目と3番目の8分音符、悪い拍は2番目と4番目の8分音符になる。

テンポに関して言えば一般に2分の2拍子と4分の2拍子の違いは、前者の2分音符は後者の4分音符と同じ長さだけ延ばすという点にあり、以下もその割合で行なう。

このグループの中で珍しい拍子をその性質と書き方で分類すると次のようになる

$$\frac{16}{1} \quad \frac{16}{2} \quad \frac{16}{4} \quad \frac{16}{8} \quad \frac{16}{16}$$

さらに

$$\frac{8}{1} \quad \frac{8}{2} \quad \frac{8}{4} \quad \frac{8}{8} \quad \frac{8}{16} \quad \frac{4}{1} \quad \frac{4}{8} \quad \frac{4}{16} \quad \frac{2}{1} \quad \frac{2}{8} \quad \frac{2}{16}$$

2．単純奇数拍子について

このグループによくある拍子は次の通りである。

（α）2分の3拍子。$\frac{3}{2}$

（β）4分の3拍子。$\frac{3}{4}$

（γ）8分の3拍子。$\frac{3}{8}$

これらの拍子はいずれも3つの拍に細分割され得るが、単位になっているのは表Ⅰ、譜例29 (a) では2分音符、譜例29 (b) では4分音符、譜例 (c) では8分音符である。この拍子は手を3回打つことによって示されるが、ほぼ表Ⅰの図50、51、52のようになる。しかし不均等な分割によって2つの部分を下拍、1つの部分を上拍にすれば、図53のような形で打つことになる。

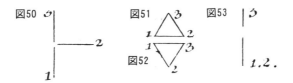

ここでは良い拍は第1拍であり、他の2つの拍は悪い拍になる。3拍を細分割して6拍にすると、良い拍は第1，3，5拍、悪い拍は第2，4，6拍になる。

このグループの中であまり見かけない拍子には次のようなものがある。

$$\frac{3}{1} \quad \frac{3}{16}$$

3．複合偶数拍子について

これに当たる普通の拍子には次のものがある。

(α) 4分の12拍子。2分の4拍子に由来するものであるが、付点をつけることによって各2分音符が延ばされ、もとの各2分音符が3つの拍に細分割される。表Ⅰ，譜例30。これは4分の6拍子が2つ融合したものである。

表Ⅰ　30

(β) 8分の12拍子。4分の4拍子に由来するものであるが、各4分音符に付点をつけることによって延ばされ、もとの4分音符が3つの8分音符に細分割される。表Ⅰ，譜例31。これは8分の6拍子が融合したものである。

表Ⅰ　31

この2種類の拍子はいずれも4拍子であり、第1拍と第3拍が良い拍、第2拍と第4拍が悪い拍である。各拍が3拍ずつに細分割され、これらは奇数拍子的な性格をもっている。その最初の拍は常に良い拍、続く2つの拍は常に悪い拍である。したがって12拍のうち第1，4，7，10拍が良い拍、他の拍はすべて悪い拍である。

(γ) 4分の6拍子。これは4分の12拍子を半分に分割したものに他ならない。2分の2拍子における各2分音符を付点で延長した時に生まれる。表Ⅰ，譜例32。

表Ⅰ

(δ) 8分の6拍子。これは8分の12拍子を半分に分割したものに他ならない。4分の2拍子における各4分音符を付点で半分だけ延長した時に生まれる。表Ⅰ，譜例33。

訳注：原文は2分音符となっているが，誤植であろう。

この2種類の拍子はいずれも2拍子系であり，下拍が良い拍，上拍が悪い拍である。6つの拍のうち第1拍，第4拍が良い拍，その他の拍は悪い拍である。

このグループに入る珍しい拍子には次のようなものがある。

$$\frac{24}{1} \quad \frac{24}{2} \quad \frac{24}{4} \quad \frac{24}{6} \quad \frac{24}{16}$$

さらに

$$\frac{12}{1} \quad \frac{12}{2} \quad \frac{12}{16} \quad \frac{6}{1} \quad \frac{6}{2} \quad \frac{6}{16}$$

4．複合奇数拍子について

(α) 4分の9拍子。2分の3拍子に由来するが，各2分音符を付点で延長した時に生まれる。表Ⅰ，譜例34。

(β) 8分の9拍子。4分の3拍子に由来するが，各4分音符を付点で延長した時に生まれる。表Ⅰ，譜例35。

2種類の拍子はいずれも3拍ずつのまとまりで出来ている。もとになった単純拍子と同様に第1拍が良い拍となり，他の2拍は悪い拍である。細分割された3拍ずつの各部分に関しても各第1拍が良い拍となり，他の2拍は悪い拍である。したがって第1，4，7拍が良い拍，他は悪い拍である。このグループに入るめずらしい拍子には次のようなものがある。

$$\frac{9}{1} \quad \frac{9}{2} \quad \frac{9}{16}$$

§8

以上をまとめると，普通の拍子は次のようになる。

- (1) 2分の4拍子
- (2) 4分の4拍子
- (3) 2分の2拍子
- (4) 4分の2拍子

単純偶数拍子

さらに
- (5) 2分の3拍子
- (6) 4分の3拍子
- (7) 8分の3拍子

単純奇数拍子

さらに
- (8) 4分の12拍子
- (9) 8分の12拍子
- (10) 4分の6拍子
- (11) 8分の6拍子

複合偶数拍子

さらに
- (12) 4分の9拍子
- (13) 8分の9拍子

複合奇数拍子

§9

単純拍子と複合拍子を組み合わせて用いることも多い。例えば，

　　　8分の12拍子とCの組み合わせ。表Ⅰ，譜例42。

さらに，8分の6拍子と4分の2拍子の組み合わせ

　　　8分の9拍子と4分の3拍子の組み合わせなど。

こういう拍子の混合において同じ音価の音符2つに対して同じ音価の別の音符3つを組み合わせる場合，例えば8分音符2つを別の8分音符3つと，または4分音符2つを別の4分音符3つと組み合わせるような場合，常に3つの同じ音符のうちの最初の2つが，2つの同じ音符のうちの最初の音符と合わせて演奏される。例えば表Ⅰ，譜例42 (a) はすべて譜例43のように演奏する。譜例42 (b) のように2つの同じ音符の最初の音符に付点が付いた場合でも，譜例43のように演奏しなければならない。単純拍子で用いられるいわゆる3連符もこういう拍子の混合にその起源がある。これは，8分音符3つを4分音符1つに，16分音符3つを8分音符1つに組み合わせる方法にその起源がある。こういう3連符の上には数字の3を書き，それを2つ一緒にする場合には6と書く。表Ⅰ，譜例44，45。有名なフランツ・ベンダ氏はヴァイオリンソナタ——たしかイ長調のものだったが——においてこういう方法で4分音符1拍に対し5連の16分音符を組み合わせて大きな成果を挙げた。

表I 42 (a) (b) 43 44 45

§10

新しいことが好きな者の中にはかつて次のような奇数拍子を導入しようとした者もいた。

$$\frac{7}{1} \quad \frac{7}{2} \quad \frac{7}{4} \quad \frac{7}{8} \quad \frac{7}{16}$$

さらに

$$\frac{5}{1} \quad \frac{5}{2} \quad \frac{5}{4} \quad \frac{5}{8} \quad \frac{5}{16}$$

しかしこれらの拍子は偶数拍子と奇数拍子の混合に他ならないことに注目していただきたい。これを正しく演奏するために必要な余分な努力はまったく報いられなかったから，この発明は真似する価値があるという評価を得られなかった。

第6章
休符について

§1

ある声部を一定の時間沈黙させたい時,この沈黙時間を表わすためには休符と呼ばれる記号が用いられる。10種類ある。

(1)　8小節休符　　　　　　　　表Ⅰ,譜例36　(a)
(2)　4小節休符　　　　　　　　　　　　　　(b)
(3)　2小節休符　　　　　　　　　　　　　　(c)
(4)　1小節に当たる全休符　　　　　　　　　(d)
(5)　2分休符　　　　　　　　　　　　　　　(e)
(6)　4分休符　　　　　　　　　　　　　　　(f)
(7)　8分休符　　　　　　　　　　　　　　　(g)
(8)　16分休符　　　　　　　　　　　　　　(h)
(9)　32分休符　　　　　　　　　　　　　　(i)
(10) 64分休符　　　　　　　　　　　　　　(k) 訳注

訳注：当時はiもjも〔イ〕と発音されたので,iの次がjとなったのであろう。
J・J・クヴァンツ著「フルート奏法試論」（シンフォニア刊）にも同じ例がある。

§2

1小節以上休む時は,その小節数を休符の上か下に数字で示すことが多い。表Ⅰ,譜例37。

§3

休符の上か下に点が付いた半弧が記されている場合,これは好みに応じて休符をいくらか延長できることを示す。これはルーエツァイヒェン,フェルマータ,またはゲネラールパウゼと呼ばれる。表Ⅰ,譜例38。このフェルマータは休符だけでなく音符にも付く。表Ⅰ,譜例39。

§4

2つあるいはそれ以上の休符を重ねることも多い。これは2つあるいはそれ以上の声部を沈黙させるために過ぎないから，合わせて1つの休符と見るべきである。表Ⅰ，譜例40。

§5

作曲家の中には，音符の場合と同様に比較的短い休符を付点によって延ばす習慣の者もいる。^{訳注}表Ⅰ，譜例41。しかしこれは常にもう1つ休符を追加した方が明瞭になるであろう。

訳注：18世紀前半（J. S. バッハの時代）には休符に付点をつける習慣はなかった。

〔A〕　訳注〔B〕

訳注：→はBの代りにAとなることを示す。以下同様。

第7章
様々な記号について

§1

たいていの曲はある部分を反復して演奏するようにできている。この反復する部分をクラウゼル（終止形）またはアップザッツ（楽節）と言う。反復を示す記号には次のようなものがある。

1）大反復記号。5線全体を貫く2本線で，前後あるいは真ん中に様々な点がついている。表II，譜例1。記号の前にある部分をもう一度反復して演奏することを示す。

2）小反復記号。これは数小節のみの反復を示す。反復を開始する小節線の後ろに数個の点をつけ，反復の最後にも同じ数の点をつける。表II，譜例2。bis dazu（ここまで）と小さく記入することも多い。

注釈

α) 曲が2つの部分から成り立っていて，後半まで演奏してから前半を反復する場合には，まず点のない2本の直線を用いる。これで前半と後半を区別する。曲を最初から最後まで通して演奏し，da Capo または come sopra という言葉を見つけたら，最初からもう一度演奏し，最初のクラウゼルの所で終わる。

β) ある曲が反復して演奏されるハウプトザッツ（主要楽節）と交互に挿入される2つまたはそれ以上のアップザッツ（副楽節）から出来ている場合，循環曲またはロンドーと呼ばれる。冒頭楽節を主要楽節と言い，まず本来の方法で2回くり返して演奏する。続いて第1副楽節を1度演奏したら，再び主要楽節に戻り，これを1回演奏する。最後に第2副楽節を1度演奏し，それから最初の楽節つまり主要楽節を演奏して終わる。クラヴィア演奏の初心者はつまらぬ舞曲や他愛ない曲にかかわるよりは，こういうクラヴィア曲に通ずることが望ましい。

3）表Ⅱ，譜例3のような記号はリュックヴァイザー（反復記号）と呼ばれる。やはり同じ記号がついている先行音符を参照し，そこからもう1度反復する。

　フーガやカノン風の楽曲では声部の入りを示すのにこの記号を用いる。

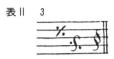

4）次の譜表の最初の音符がどの高さにあるかを，先行する譜表の最後に記号で示す。これをクストス（ダイレクト）と言う。表Ⅱ，譜例4。

5）同じ高さの音符から音符へ引かれている半弧をタイと呼び，あらためて打鍵することなく，2つの音を続けて響かせることを意味する。表Ⅱ，譜例5。

6）異なる高さの音符から音符へ引かれている半弧（スラー）はこれらの音符をシュライフェンする（引きずる，レガートで奏する）ことを意味する。シュライフェンとは次の音符を打鍵するまで先行音符の指を上げないことである。表Ⅱ，譜例6の(a)から(l)まで様々な例を挙げた。拍の強部から弱部へのスラー，弱部から強部へのスラー，音価の同じもの，異なるもの等。このスラーは高さの異なる音符を次々に打鍵し，且つ最初から最後の音までを保って一緒に響かせる時にもしばしば用いられる。例えば，表Ⅱ，譜例7の(a)は(b)のように演奏される。しかしこういう箇所は(b)のように正確に書いた方がよい。

訳注：シュライフェンとは，引きずるほどに連結されるの意味：1. 次の音まで指を離さない。2. 次の音に重ねて音をつなげる。

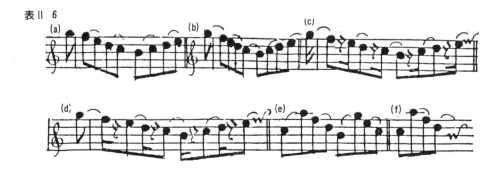

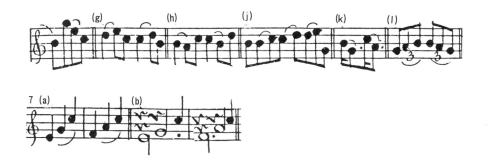

7) シュライフェンの反対がアップシュトーセン（デタシェ，スタッカートで奏すること）である。音符を音価一杯まででではなく，約半分まで保持し，後半を切り上げることを意味する。これは音符の上または下に点をつけて示す。表Ⅱ．譜例8 (a)．小さなダッシュを用いることも多い。表Ⅱ，譜例8 (b)．これは(c)のように演奏する。

注釈

α）シュライフェンともアップシュトーセンとも相違するものが本来の進行である。これは次の音符に触れる直前になって先行するキーから指を離すことを意味する。こういう本来の進行は常に前提となっているから，あらためて指示しない。

β）連続した異なる音符にアップシュトーセンとシュライフェンが同時に指示されている場合，それらの音符は本来の進行の場合のつながりよりも指にいく分圧力をかけて強調することを意味する。表Ⅱ，譜例9。これはクラヴィコードでのみ可能で，フリューゲルでは不可能である。これはトラーゲン・デア・テーネ〔音を運ぶの意，ポルタート〕と言う。しかし，表Ⅱ，譜例10のようにスラーのついた2つの音符のうち後の音符の上か下に点がついていたら，譜例11のように演奏する。これはすべてのクラヴィアに関して差がない。

8）ある種の変化のなかで感情が高まったり鎮まったりする際，音を強調したり抑制したりするための強弱記号として，次のようなイタリア語の形容詞が用いられる。

  forte   強く（f）
  piu forte   より強く（ff）
  fortissimo   非常に強く（fff）
  piano   弱く（p）
  piu piano   より弱く（pp）
  pianissimo   非常に弱く（ppp）

次のような表現もある：

  poco piano   ほんの少し弱く
  poco forte   ほんの少し強く
  meno piano   これまでより弱くなく，従っていくらか強めに
  meno forte   これまでより強くなく，従っていくらか弱めに
  mezzo piano   中庸の弱さで
  mezzo forte   中庸の強さで
  piano assai   できるだけ弱く（pianissimoに同じ）
  forte assai   できるだけ強く（fortissimoに同じ）

 どの音符からフォルテやピアノにすべきかがはっきりわかるように，書く際にも形容詞の頭文字であるfやpがフォルテやピアノになるべき音符のちょうど上か下にくるように注意しなければならない。こういう強弱の変化はクラヴィコードでしか出せないが，トラーゲン・デア・テーネと同様，ホールフェルト式のボーゲンフリューゲル^{訳注}ならなおよい。普通の1段鍵盤のフリューゲルでは全く不可能であり，2段鍵盤の場合でも，単に一方にf，他方にpがあるだけである。

訳注：古くからあるガイゲンヴェルク（Geigenwerk）にヨハン・ホールフェルトが1753年に改良を加えた弓奏楽器。鍵盤からコントロールされる鈎で回転する円筒にガット弦を押し付けて音を出す。

9）曲の終わりは中に点のついた半円を上下に伴う複縦線で示される。表Ⅱ，譜例12。これは終止記号と呼ばれる。

表Ⅱ 12

第8章
調について

§1

どんな楽曲にも他のすべての音を決定する基礎になる音が存在する。これが曲を作る時の主音であり、それを知るにはバス声部の終止音を見さえすればよい。つまり、Cで終わっていれば、その曲はCを主音として作られているという具合である。

注釈

バスはどんな楽曲でも最も低い声部である。ディスカントが最も高い声部である。バスの上がテノール、ディスカントの下がアルトである。以上が主要4声部である。その内のいずれかが2重になると4声部以上の楽曲が生まれる。クラヴィア曲では、通常のフーガまたは模倣的な2重奏、トリオ、4重奏を除いて、一定の方法でこれらすべての声部が混合されている。そして2段になっている譜表のうち上段に書かれていて右手で演奏するものをすべて例外なくディスカントと呼ぶ。バスは常に下段に書かれていて、左手で演奏するものすべてを指す。バスがどんなに高くなろうと、ディスカントがどんなに低くなろうと、曲が2声、3声、4声あるいはそれ以上の声部になろうと同じである。こういう変則はクラヴィアという楽器の性格からくることであるが、この変則と呼べるものこそが耳に最も心地好い感じを生み出しているのである。しかしこの際、次のような例を喚起しておきたい。複数の声部で2つの音が同じ高さにあり、一方が進行して行く間も他方は同じ高さのまま保ちたい場合、この2つの音は譜に書けば表Ⅱ、譜例13のように融合してしまうだろう。この場合、音の持続に関して、最初の音はその音価が終わるまま離鍵してはいけない。

§2

しかし曲がどんな主音で作曲されているか知るだけでは不十分である。この終止音上にできるオクターヴに含まれるその他の全ての全音と半音を知らなければならない。つまり曲の調を知る必要がある。調とは終止音のオクターヴの範囲内にあって、一定の規則によって結び付けられた音列のことである。

これらの音の横方向の結びつきから，どの声部にもメロディーが生まれる。縦方向の結びつきから声部間にハーモニーが生まれる。

§3

調には硬いものと柔らかいものがある。
　硬い調とは終止音上の3度が大きいものである。
　柔らかい調とは終止音上の3度が小さなものである。
硬い調は大きな調（長調），柔らかい調は小さな調（短調）とも呼ばれる。

§4

3度とは何かをもっとよく知るために，この機会に様々な音程を列挙しておこう。次のようになっている。

(1)	同度。同じ高さにある2つの音符。例えば		c′ － c′	表Ⅱ，譜例14
(2)	2度の音程		c′ － d′	譜例15
(3)	3度の音程		c′ － e′	譜例16
(4)	4度の音程		c′ － f′	譜例17
(5)	5度の音程		c′ － g′	譜例18
(6)	6度の音程		c′ － a′	譜例19
(7)	7度の音程		c′ － h′	譜例20
(8)	8度の音程	オクターヴ	c′ － c″	譜例21
(9)	9度の音程	オクターヴ上の2度	c′ － d″	譜例22
(10)	10度の音程	〃　　　3度	c′ － e″	譜例23
(11)	11度の音程	〃　　　4度	c′ － f″	譜例24
(12)	12度の音程	〃　　　5度	c′ － g″	譜例25

以下続く。

これらの音程はすべて上向き，すなわち低い音から高い音へ数える。

§5

ここで，小さな3度（短3度）は全音1つと半音1つから出来ていることに注目していただきたい。例：a-c，c-es。大きな3度（長3度）は2つの全音を含む。例：a-cis，c-e。終止音上の3度が2つの全音を含んでいたら，それは長調，つまり硬い。この3度が全音1つと半音1つなら，それは短調，つまり柔らかい。

§6

長調と短調のその他の音の配列を知るには，すべての調が2つの半音と5つの全音を含むことを知らなければならない。

α) 長調では最初の半音は3度と4度の間，2番目の半音は7度と8度の間にある。次の図のようにその他の音の間はすべて互いに全音をなしている。

1.	2.	3.	4.	5.	6.	7.	8.
c.	d.	e.	f.	g.	a.	h.	c

β) 短調では最初の半音は2度と3度の間，2番目の半音は5度と6度の間にある。その他の音の間はすべて互いに全音をなしている。

1.	2.	3.	4.	5.	6.	7.	8.
a.	h.	c.	d.	e.	f.	g.	a.

短調において，上行する場合に多いが，旋律をよりよくするために2番目の半音が7度と8度の間に置かれることがあるが，これは単に臨時のことにすぎない。例えば，

1.	2.	3.訳注	4.	5.	6.	7.	8.
a.	h.	c.	d.	e.	fis.	gis.	a.

訳注：原著では括弧が脱落している。

§7

12の音を使うということは前述した。そしてその一つ一つの音が調の主音になり得る。しかも各々では〔主音上の3度が〕長3度にも短3度にもなり得る。つまり24の調が存在し，そのうち12は長調，12は短調ということになる。

§8

各調の記号を知るには，ただシャープとフラットの並べ方と数が分かればよい。

α）シャープは常に5度ずつ上昇する。どの幹音も半音上がることができるから，シャープも7つある。配列順に並べると次のようになる。

1.	2.	3.	4.	5.	6.	7.
fis.	cis.	gis.	dis.	ais.	eis.	his.

β）フラットは常に4度ずつ上昇する。どの幹音も半音下がることができるから，フラットも7つある。配列順に並べると次のようになる。

1.	2.	3.	4.	5.	6.	7.
b.	es.	as.	des.	ges.	ces.	fes.

§9

シャープの数で調を列挙する。最初の調はC。最初の短調はA。5度変化するごとにシャープも1つずつ増え，次のようになる。

長調

C-dur はシャープなし
G-dur は fis を持つ
D-dur は fis, cis を持つ
A-dur は fis, cis, gis を持つ
E-dur は fis, cis, gis, dis を持つ
H-dur は fis, cis, gis, dis, ais を持つ
Fis-dur は fis, cis, gis, dis, ais, eis を持つ
Cis-dur は fis, cis, gis, dis, ais, eis, his を持つ

短調

A-moll はシャープなし
E-moll は G-dur に同じ
H-moll は D-dur に同じ
Fis-moll は A-dur に同じ
Cis-moll は E-dur に同じ
Gis-moll は H-dur に同じ
Dis-moll は Fis-dur に同じ
Ais-moll は Cis-dur に同じ

フラットの数だけ調をCとAから4度ずつ列挙すると，フラットが1つ増えるごとに次のようになる。

長調

C-dur はフラットなし
F-dur は b を持つ
B-dur は b, es を持つ

短調

A-moll はフラットなし
D-moll は F-dur に同じ
G-moll は B-dur に同じ

Es-dur は b, es, as を持つ	C-moll は Es-dur に同じ
As-dur は b, es, as, des を持つ	F-moll は As-dur に同じ
Des-dur は b, es, as, des, ges を持つ	B-moll は Des-dur に同じ
Ges-dur は b, es, as, des, ges, ces を持つ	Es-moll は Ges-dur に同じ
Ces-dur は b, es, as, des, ges, ces,,fes を持つ	As-moll は Ces-dur に同じ

C-dur と A-moll が重複するので，これで調には15の調号があることになる。これは長調と短調それぞれに3つの音が2重の記号で現れていることによる。つまり，

(1) H-dur と Ces-dur　　　　　　(1) Gis-moll と As-moll

(2) Fis-dur と Ges-dur　　　　　 (2) Dis-moll と Es-moll

(3) Cis-dur と Des-dur　　　　　 (3) Ais-moll と B-moll

しかし Ces-dur, As-moll, Ais-moll は用いられず，H-dur, Gis-moll, B-moll が使われる。Fis-dur と Ges-dur, Dis-moll と Es-moll はいずれも使われる。しかし Cis-dur より Des-dur の方が普通である。

注釈

1) 冒頭の音部記号と一緒に書かれるこういうシャープやフラットの記号は本質的な変音記号〔調号〕，曲の途中で現われるその他のものは臨時記号と見なされる。臨時記号は一般に曲の途中で，ある主音から別の主音に移る時に使われる。これは転調と呼ばれる。

2) 1つずつの長調と短調の組合せが常に同じ調号で表されることに気づかれたであろう．それぞれの主音は互いに常に「短3度」離れている。その上の音が長調の主音になり，下の音が短調の主音になる。例を挙げると，

上の音 { c dur 　 { g dur 　 { f dur
下の音 { a moll 　{ e moll 　{ d moll

第9章
装飾について

　装飾（マニーレン）は作曲上の装飾と演奏上の装飾に分けられる。演奏上の装飾とは基本的には歌ったり楽器を演奏したりする際にもともとある旋律に追加するものに他ならない。指示された多くの音をただひたすら順番に音価の分を満たす演奏では不十分ということになった。そこでこの音列を耳に心地好く感じられるようにし，作曲の中に残っている粗削りなところを取り除く必要があるとの認識が生まれたのである。ここから演奏上の装飾が生まれた。これは即興的模倣とも言えるし，作曲上の装飾をより一層飾り立てるものとも見なされる。作曲上の装飾とは音価の大きな音符を小さな音符に変えたり，主音符と副音符とを結びつけたりする点にある。演奏上の装飾も変化または結びつきという点では同じであるが，次のような違いがある。（α）演奏上の装飾はよい趣味や響きとの関連に従って，状況によりある時は主音符と，またある時は旋律の副音符と関係する。（β）作曲上の装飾がきちんと紙の上に書かれ，拍の中に配分されているのに対して，演奏上の装飾は演奏者の着想に任されるか，一定の記号か小音符で指示されるだけで，拍への配分は演奏者次第である。しかし演奏上の装飾も普通の音符によってすべて書くことも多いし，逆にある種の作曲上の装飾を記号や小音符で表わすこともある。つまり両者を混ぜて書いていることも多い。そこで本書では演奏上の装飾について説明する前にまず作曲上の装飾について語ろうと思う。これは，それによって演奏上の装飾の本質を一層明確に理解できるし，そこからまたそれを作曲上の装飾に一層容易に還元できるからでもある。

第1節　作曲上の装飾について

§1

　ある声部が他の声部に対して常に同じ音価の音符で進行しなければならないとしたら，そして和声や拍の点で音符に音楽的な処理が施せないとしたら，その曲に心地好い変化はあまりつけられないだろう。それゆえ音価の大きな音符に対しては，適切と思われる箇所で，その音価に等しいだけ多くの小さな音符を使ってよいということになる。既存のまたは想定される対位旋律から，より小さな音符に分割されることになる元の音符を旋律的基本音符，または旋律的主音符と呼ぶ。それ以外のすべての音符を副音符と呼ぶ。ところで作曲上の装飾

とはすでに述べたように，1つまたは複数の副音符を旋律上の主音符と結びつけることに他ならない。これはバスでもディスカントでも内声部でも変わらない。

§2

こういう副音符は和声の中に含まれていることもあるし，含まれていないこともある。含まれている場合にはそれは和声的副音符と呼ばれる。表Ⅱ，譜例26。含まれていなければヴェクセルノーテ（変過音）[訳注]またはドゥルヒゲーエンデ・ノーテ（経過音）である。これ以外のものはない。しかし変過音は主音符に代わって拍の上に来る。したがって対位旋律の普通の音符と一緒に始まる副音符のことを言う。副音符が拍の後にあれば，それは経過音である。例を挙げてもっと明確にしよう。

表Ⅱ，譜例27には3つの主音符がある。譜例28のバスでは前2つの音符が変過音によって増えている。これらには＊印をつけておいた。それは不協和音だけでなく，協和音にもなり得ることが理解できよう。

譜例29は2番目の例であるが，譜例30では上声部のdとfにかかる変過音で音符が増えている。やはりそのうちの1つは協和的である。

訳注：ヴェクセルノーテは倚音のほか刺繡音，逸音などを含む広い意味で使われる。転過音とも言う。

注釈

ここで変過音という場合，普通その個所にある対位旋律にしたがって考えているのであって，基本になる全和声にしたがっているのではない点に注意していただきたい。後者のように考えると，ここで言う協和音的な変過音もすべて不協和音になってしまう。

表Ⅱの譜例31と33には主音符しかない。それが譜例32と34では，上声部と下声部の一部が経過音によって変えられている。

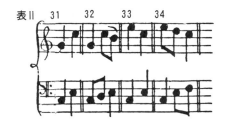

注釈

α) 経過音も変過音も両方とも協和音にも不協和音にもなり得ることが理解できよう。

β) 1つの音符が1音上に上がってから下方に進行する場合，これをユーバーシュラーク（上打音）と言う。表Ⅱ，譜例35。1音下に下がってから上方に進行する場合はウンターシュラーク（下打音）と言う。譜例36。

§3

主音符の様々な使い方，さらに和声的，経過的な変過音と主音符との様々な使い方から，つまり両音符の大きな音符が分割されたり，細分化された音価がまた他の音符と和声をなしたり，変過音や経過音の数が増えたりすることによって，作曲技法上のあらゆる装飾が生まれる。中でも特に重要なものを考察することにしよう。どんな名称であれ，その他のものはそこから類推できるであろう。ここでしばしば装飾という言葉の代わりに音型という名前を用いるが，両者は広義には同じである。狭義には音型とは作曲上の装飾を一定の感情や対象に適用したものであり，それに修辞学から借りてきた名前がついている。これは単に音型のメカニズムにのみ関わることなので，本書では扱わない。ここでは作曲上の装飾を5つの種類に分ける。

作曲上の装飾：第1クラス

§1

主音符そのものを同じ拍内で小さな音価にして変化させると，シュヴェルマー[訳注]と呼ばれる装飾が生まれる。表Ⅱ，譜例37。オクターヴの同音と交替させたものはシュプリンゲンダー・シュヴェルマー（跳躍シュヴェルマー）と呼ばれる。譜例38。シュヴェルマーにリュックング（移動，シンコペーション）を適用した例が譜例39，40に見られる。

訳注：索引参照。ボンボ（伊）

注釈

α）音価の大きな音符だったものを2つの音価の小さな音符にしてその一方を取り除くことを一般にハルビーレン（半分割）またはツェルタイレン（細分）と呼ぶ。譜例41のように2つの小さな音符のうち後者を除いたものを特にアップキュルツェン（短縮），譜例42のように前者を除いたものをトレンネン（分離）またはフェアバイセン（切断）と呼ぶ。

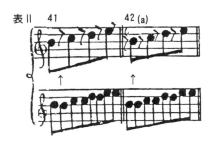

すでに見たように，スタッカートとも呼ばれるこういう短縮が点や小さなダッシュで示されるのと同様に，分離または切断を譜例49に見られるような記号で示す習慣の者もいる。しかし表Ⅱ，譜例42(a)のように休符を書く方がよい。

β) 1つの音符を同じ高さでくり返して拍の弱部から強部へ移す時，この変化をリュックングと呼ぶ。シンコペーションは，表Ⅱ，譜例45のように新たな打鍵によることもあれば，ビンドゥング（結合，タイ）によることもある。タイは，譜例39(a)のように音符自体の音価によっても，譜例39(b)のように弧によっても示される。

§2

同一の主音符が表Ⅱ，譜例43とは異なり新たに打鍵されず様々な拍にまで留まる場合，これをハルトゥング（保持）と言う。表Ⅱ，譜例44。

訳注：索引より引用。メッサ・ディ・ヴォーチェ

§3

先行する主音符の時間内で経過による次の主音符を前もって響かせることを主音符のフォラウスネーメン（先取）と言う。これは表Ⅱ，譜例45のように再度打鍵することも，譜例46のようにタイによることもある。

注釈

半分割によってもしばしば譜例50のように打鍵されるべき音符が取り除かれる。

§4

後続主音符の拍内へ移行し先行主音符をもう一度響かせることを主音符のアウフハルテン（掛留）[訳注]と言う。譜例47のように打鍵しなおすことも，譜例48のようにタイによることもある。

訳注：索引より引用。リタルダーレ（伊）

注釈

ここで述べた主音符の縮小，保持，先取，掛留による装飾はシュヴェーベンデ・マニーレン（浮動的装飾）と呼ばれる。

作曲上の装飾：第2クラス

§1

第1クラスの装飾は主音符そのものの変化によって生まれた。例えば，縮小，細分，保持，変過音，経過音などが使われた。つまり基本的にただ1つの音符とのみ関係していた。これを考えると浮動的な音型は単純な装飾と呼び得る。第2クラス以降に現われる装飾は，音型を構成する音符の数によって2重，3重，多重の装飾と呼ぶことができよう。

§2

第2クラスは音階的音型である。これは1つの音符と他の離れた音符を結び付けるために，その間に和声学上の変過音や経過音を置く場合の音型を言う。したがって上昇する場合も下降する場合もある。表Ⅲ，譜例1，2，3をご覧いただきたい。譜例1では連桁で書か

れている4つの16分音符のうち2番目は経過音，3番目は変過音である。最初が主音符，4番目が和声音である。譜例2では連桁で書かれている32分音符のうち最初が主音符，4，6，8番目が和声音，2番目が経過音，3，5，7番目が変過音である。ここから変過音はすべて拍の強部，経過音は弱部にあることが分かる。

作曲上の装飾：第3クラス

第2クラスの音型のように音符がいつも一直線に進行せず，進んでからまた戻るような場合，そこから2つの装飾が生まれる。一方はヴァルツェまたはロレ（回転，ターン）[訳注]，もう一方はハルプツィルケル（半円）と言う。両者は総称して一般に回転的音型と呼ばれる。

訳注：索引より引用。グロッポ（伊）

(*) ヴァルツェとは順次進行する4つの音があって，そのうちの1番目と3番目が同じ高さ，2番目と4番目がその上と下にある場合を言う。表Ⅲ，譜例4。したがってこの装飾は2つの和声音と2つの副音符から成る。

(**) ハルプツィルケルとは順次進行する4つの音があって，そのうちの2番目と4番目が同じ高さ，1番目と3番目がその上と下にある場合を言う。表Ⅲ，譜例5。この装飾もやはり2つの和声音と2つの副音符からなる。2つのハルプツィルケルが一緒になるとツィルケル（全円）になる。譜例6。

作曲上の装飾：第4クラス

　根底にある和声をある声部で全部または一部を分割し，それによって主音符がその他の和声音と交互に接する場合，そこから生まれる装飾をブレッフング（分散和音，アルペッジョ）[訳注]または分散音型と呼ぶ。表Ⅲ，譜例7でいくつかの例を見ていただきたい。この装飾には無限の方法があり，したがって作曲上の装飾の中でも最も創造力豊かなものである。跳躍または跳躍的な作法はこの分散和音に起源があることがお分かりいただけよう。

訳注：索引より引用。アルペッジョ（伊），バッテリー

注釈

　時折り変過音か経過音が一緒にまぎれ込むことがあるが，この場合はアクセントつきの分散と呼ばれる。表Ⅲ，譜例8では小さな星印が経過音を示し，譜例9では変過音を示している。

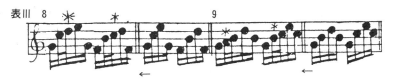

作曲上の装飾：第5クラス

　第5クラスは混合された装飾である。これは浮動的，音階的，回転的または分散的な音型を一緒に用いた場合，または主音符や和声音が変過音や経過音と混ざり，どの種の装飾か簡単には決められない場合を言う。それでこういう音型は一般に単にパッセージ，ガング（経過句），ヴェンドゥング（転換）などと呼ばれることも多い。

注釈

　いわゆるカデンツないしは即興で作品を飾るための自由な変化は以上に述べた作曲上の装飾を使って行なわれる。基本的な音の動きにこういう装飾をつけ，もとになる部分をくり返す度に響きを変えると，そこからいわゆるヴァリアツィオーン（変奏）が生まれる。しかし自由な装飾の演奏にはこの他に小さな装飾が必要であり，それについては次節で説明することにしよう。

第2節　演奏上の装飾について

§1
　これまで述べてきた自由な装飾に対して演奏上の装飾は一般に本質的装飾と呼ばれる。どんな作品でも至るところで使われるからである。どんな曲も前記の自由な装飾なしで演奏できるが，小さな本質的装飾なしには決して演奏され得ない。しかもクラヴィアほどそういう装飾を必要とする楽器はない。

§2
　あらゆる装飾を剥ぎ取られた演奏がいかに味気なく粗削りであろうと，あらゆる音符を装飾で飾り立てた演奏ほど不快極まるものはない。前者はどれほどすぐれた曲であっても粗野で無趣味なものにしてしまうし，後者は本来のメロディーを識別不能にしてしまう。あらゆる音符にトリラーをつける奏者は筆者には一言ごとに膝を屈める気取った美人のように写る。

§3
　どの音符に装飾をつけるべきか，メロディー上のどこにいかなる装飾を施すべきか，どうやって学んだらいいのだろうか。すべての装飾が載っている音楽書が求められている。名声のある人はきちんとした演奏をすると言われるから，人々は自分の知っている作品をそういう人の演奏で聞きたいと思う。しかし次には自分の趣向は自分で作り出し，そうして自分を鍛えていただきたい。あらゆる場合に適合する規則をここに描き出すことは不可能である。音楽は汲めども尽きぬ変化の大海のようなものであり，人により感じ方も少しずつ異なるからである。次のようなことを試みていただきたい。まだ装飾が何も書かれていない作品をいずれも当世風な良いセンスで演奏する10人に渡して，そこに装飾をつけるよう頼む。場合によっては多くの人が一致することもあろうが，十人十色になることもあるだろう。各人が独自の趣向に応じてそれぞれの装飾をつけるのである。装飾の数も人により様々であろう。ある人がトリルをつける箇所を他の人はドッペルシュラーク（ターン）だけで済ますかもしれない。人によりフォアハルト（前打音）を要求したりモルデントを要求したり，様々である。

訳注：D. G. テュルク（1750～1813）によると，短い倚音と区別するために，長いものをフォアハルトとよんでいる。

§4

　ここから次のことがわかる。つまり，作曲家は誰にもまったく同じように演奏して欲しい，絶対にこうでなければならないと思う箇所に関しては，曲の冒頭の音部記号の脇にテンポを書くように，どんなに小さなものでもすべての装飾を正確に書かなければならないということである。そうしないと，まったく台無しとは言わないまでも間違いが起き，作品の真の仕上がりがおぼつかなくなる。作曲家は他人が自分の曲を演奏する時も，自分が他人の曲を演奏するように言われた時と同じことなのだと思ってほしい。作曲家といえどもそれ相応の指示が書かれていなければ，他の作曲家の意図がなかなかわからないのと同様，他の人も作曲家が指示していない箇所は推量しにくいのである。

§5

　しかし，すべての演奏上の装飾は一定の記号または小さな補助音符で書かれるか，または普通の音符で書かれて正規に拍の中に組み入れられるかのいずれかである。前者は，例えばトリラーのように音符ではうまく表現できない装飾に必要である。トリラーが音符で書かれていたら，交互に弾かれる音符の数に注意しなければならなくなる。これは伴奏者ないしクラヴィアの低音奏者にとって，ソロに対して4声のスコアから通奏低音を演奏することと同じくらい難しいだろう。しかしこれらの記号も音符なしでは済まされない。そうした方がずっと容易に目的を達成でき，何らの記号も必要ない。そこで第2に，一定の小さな補助音符が使われる。これは元となる主音符の時間内に組み込まれはするが，拍への分割はされず，分割は奏者の考えにまかされる。しかしこれでは混乱が起きることも多く，第3のものが生まれた。ある種の装飾はその他の音符と同じく通常の音符で書き，本来の音価を失うことなく，正確に拍に組み込むというものである。

§6

　今日の良い演奏に現われる装飾音には次のようなものがある。

　　1）ベーブング
　　2）アクサン（Ⅰ．フォアシュラーク　Ⅱ．ナハシュラーク）
　　3）ドッペルフォアシュラーク
　　4）シュライファー
　　5）ドッペルシュラーク
　　6）トリラー
　　7）モルデント
　　8）ツェルグリーデルンクまたはブレッフング

1. ベーブングについて

　ベーブングは作曲上の浮動的な装飾の模倣である。違いは，くり返される同音がシュヴェルマーの場合のように新たな打鍵によらず，連続的な響きで，一種の揺れによって区別されるという点にある。この動き〔ヴィブラート〕は弦楽器の場合は指先で，管楽器と声楽の場合は呼吸で行なう。普通のフリューゲルではこの装飾はまったく不可能である。クラヴィコードの中にはわずかだが何とか出せるものがある。逆にホールフェルト式ボーゲンフリューゲルなら完璧に出せる。この装飾の記号は表Ⅲ．譜例10に見られる。指を動かす回数だけ点を音符の上に打つか，そこにあるように動きの数だけ音符を書くのが普通である。しかし後者の書き方はクラヴィコードではあまり用いられない。その効果は音符では想像できない。
　訳注：索引より引用。シュヴェーブング

2. アクサンについて

　アクサンは先行する音符によって主音符を押し留めたり，後続する音符で主音符を終わらせたりすることにある。前者をフォアシュラーク（前打音），後者をナハシュラーク（後打音）と呼ぶ。前打音は変過音で，後打音は経過音で作られる。

Ⅰ. フォアシュラークについて

§1

　フォアシュラーク（前打音）はフォアハルトとも呼ばれ，前述のように先行する音符によって主音符をの出を遅らせることにある。記号で書かれること，小さな補助音符によること，正規の音符で書かれることのいずれもある。第1の記号法はもうほとんど使われず，あるいは非常に短い前打音にのみ用いられる。以前は，そのために表Ⅲ．譜例11のように十字をつけ，譜例12のように主音符の前に小さな鉤をつけ，あるいは譜例13のように小さな斜めのダッシュをつけた。時代とともに比較的長い前打音が登場するようになると，小さな補助音符や，それとともにこの装飾のための第2の記号が導入され出した。
　訳注：索引より引用。ポール・ド・ヴォワ（佛），アッポッジャトゥーラ（伊）

§2

　しかし，この補助音符はそれが持つ本来の音価に応じて書くべきで，例えば前打音が4分音符，いや2分音符ほどの音価になるなら，それを8分音符，まして16分音符で書かないように注意しなければならない。表Ⅲ．譜例14の例を参照されたい。これを譜例15のように演奏して欲しいといっても，人はどう読み取るだろうか。つまり前打音にする音符はそれに持たせたい音価に応じて書かなければならない。それで譜例16のようになる。このことは合奏で何人かが同音またはオクターヴで演奏する時，あるいは譜例17(a)のように異なる声部で3度か6度が奏されたり，譜例18(a)のように反進行で前打音がついたり，各々の(b)のように演奏されるべき場合にいっそう必要になる。感じ方も考え方も異なり且つ作曲者ほどすばらしいインスピレーションを持たない奏者に前もって謎を説明する配慮をしなかったら，作曲者は極めて美しい効果を語り損ねたことになるだろう。これは特に休符，付点，タイの場合に必要である。譜例19，20，21のような進行をいったい誰が譜例22，23，24のように演奏すべきだと考えるだろうか。

§ 3

　しかしたとえ長い前打音を音価通りに小音符で書くという改良された記譜法でもやはり依然として譜例26，27のような様々な不具合がある。まったく理解できないとは言わないまでも，いつも何か不明確なところが残るし，前項のように完全に非難されるべきものもある。少なくともこの改良された方法でもなお読者にとっては〔どう演奏すべきか〕熟慮するという余分な手間がかかることになる。前打音を時間に合わせて拍の中に分割し，そこから正規の音符を得るのが容易な方法なのである。これがこの装飾の第3の記譜法である。前打音の部分が耳に正確に聞こえれば，それは見た目にも正確なはずである。この正確さが前打音によって崩れるのは，小音符が悪いのである。［平行］5度やオクターヴが生ずるような掛留音もほとんど役に立たない。つまり最も合理的で最善のやり方は，昔の記号を使う場合，つまり譜例39，40のような非常に短い掛留音では補助音符を使わないということである。小音符にいくつ旗をつけようと同じである。比較的長い前打音の場合は，そうしない方がいかに品よく見えようとも，常に全部を通常の音符で書いた方がよい。書かなければ別の効果が出てくるのだろうか。速さに関して正しい音価が失われれば，もっと悪い結果も出てこよう。これは最善の効果とは言い難い。

§ 4

　ところで，すべての前打音，またはそうなるべきすべての音符は，いかなる進行の中であれ，すべてのヴェクセルノーテ（変過音）と同様に拍の真上に来る。したがって例えば表Ⅲ．譜例28と29を譜例30と31のように，まして譜例32と33のように演奏するのは（他でなら勿論よいが，ここでは）間違いである。これは逆に譜例34と35のように演奏すべきである。ボワヴァン(訳注)というフランスの有名なオルガニストが1690年に出版した『オルガン曲集』のまえがきの中で前打音の記号に関して次のように説明している。「（前打音となる）この音符は，バスとまったく同時に打鍵すべきである」。そして譜例36に見られる例と演奏法を指示している。

訳注；ジャック・ボワバン（ca.1653〜1706）『8つの教会旋法によるオルガン曲集Ⅰ．』1690年。

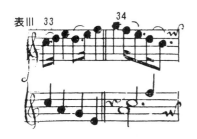 

§5

　前打音の演奏規則は次の通りである。前打音になる音符は常に主音符あるいは本質音よりいくらか強く，そして主音符に向かって静かに忍び寄るかのように演奏する。これはフリューゲルでは不可能であるが，クラヴィコードやボーゲンフリューゲルなら可能である。長い掛留音の後，主音符を非常に弱く，ほとんど消え行くように響かせる場合，この過程をアップツーク（ディミヌエンド）と呼ぶ。

訳注：索引より引用。シュート（佛）

§6

　これまでの例で前打音は上行する場合にも，下行する場合にも使われることを見てきた。ここでさらに注意しておきたいが，前打音は順次的，接続的，つまり主音符の隣りの音とだけでなく，跳躍的に，つまり離れた音とも作られる。こういう離れた音を不意に取る場合，それは表Ⅲ．譜例37と38のように主音符として先行しているか，譜例46のようにそれが付く音符の和声音でなければならない。最後の例は転義の前打音にすぎない。本来の前打音は常に変過音で作られるからである．

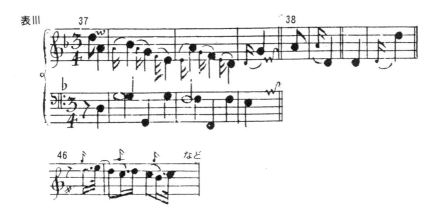

§7

表Ⅲ．譜例41も状況は同じである。これは短縮された主音符と，それに続く付点で延長された和声的な副音符という2つの音符から成る作曲上の装飾の1種に他ならない。これには名がないが，どういう作りになっているか，表Ⅲ．譜例42のように正確に書く方がよい。

§8

1つの前打音に対して複数の声部が関係している場合，だからと言って対位声部は遅れてはならず，前打音の音符と同時に入らなければならない。前打音が関係している主音符が遅れるだけである。例えば表Ⅲ，譜例43は譜例44のように演奏する。

§9

前打音は表Ⅵ．譜例3の［平行］5度の進行が不可能であるのと同様に譜例4のような誤った進行の原因になってはならない。

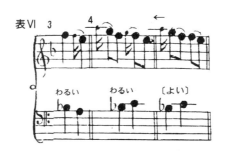

II. ナハシュラークについて

§1

ナハシュラーク（後打音）は，1つの音を次の音によって終わらせるためにある。前打音と同様に上行，下行，跳躍的，順次的のいずれも行われる。例を挙げてはっきりさせよう。表IV．譜例1，2，3を見ていただきたい。順次的な後打音が見られ，うち一つは上行，一つは下行している。つまり上行する後打音は一種のユーバーシュラークに他ならず，下行する後打音はウンターシュラークの一種である。上行する接続的な後打音は譜例1(a)のように上向きの鉤で示し，下行する接続的な後打音は譜例3(a)のように下向きの鉤で示す。いずれの場合も今日ではこういう後打音は譜例1(b)と譜例3(b)のように主音符に応じた旗をつけた小さな補助音符で示される。しかし演奏通りに正確に書く方がもっとよい。

§2

後打音が跳躍的に用いられる場合，上行であれ下行であれ，常に後続の音符によってなされる。譜例4と5をご覧戴きたい。こういう跳躍的な後打音は(a)のようにダッシュで示されるか，(b)のように演奏通り正確に書かれる。

§3

後打音を先行音と結びつけるのではなく，次の音にスラーをかけて演奏すべき時は，そのように正規の書き方で書くか，小さな補助音符で指示する。この場合，小音符の符鉤（旗）は先行する主音符に向けられる。後打音が前打音になったり，小さな音符が次の音符の拍に

来たりしないためである。表Ⅳ．譜例6でこの2つを見て戴きたい。しかし常に正確に書いた方が良い。譜例6の(*)を見れば明らかなように　先行する拍に入るべき音符を次の拍に書くことはいかなる秩序にも反するからである。

3. ドッペルフォアシュラークについて

§1

主要音の前に異なる種類の前打音を2つ結びつけることによって，C. P. E. バッハ氏が『試み』で初めてアンシュラークと名づけた装飾が生まれる。これは普通はドッペルフォアシュラーク（複前打音）と呼ばれている。表Ⅳの譜例7と8，表Ⅲの譜例45をご覧いただきたい。これが譜例7のように演奏されれば，それは常に2つの変過音から成っている。譜例8のような場合には2つの音符のうちの最初のものは常に先行音と同じでなければならない。今ではこの種の複前打音が最も普通であるが，表Ⅳの譜例9のように反進行で使われても趣味や優秀さの点で何ら失われるものはない。

訳注：カール・フィリップ・エマヌエル・バッハ著『正しいクラヴィア奏法への試み』"Versuch über die wahre Art das Clavier zu spielen" 1753，日本語版『正しいクラヴィア奏法』東川清一訳）

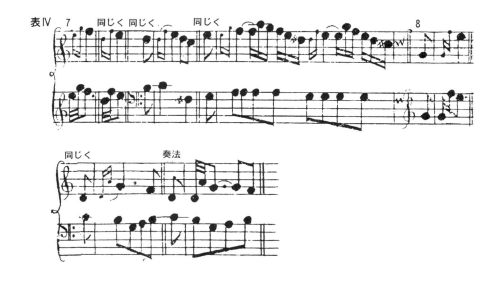

§2

この装飾はそのための記号はなく，常に通常の小さな音符で書かなければならない。そのための記号を考え出そうというのは行き過ぎであろう。他の装飾に関してもすでに多くの記号があることでもあり，音符で十分にはっきり表現できることには記号は必要ない。

§3

表Ⅳ，譜例10のように最初の小音符に付点がついた複前打音は常に普通の音符で正確に示し，譜例11のように分割される通りに書く。付点小音符による書き方はじっくり考える必要があり，先に行けなくなってしまう。

§4

1つの複前打音が複数の声部にかかる場合，対位声部は遅れてはならず，複前打音の音符と同時に入るべきである。複前打音の関係する主音符が遅れるだけである。例えば表Ⅵ，譜例1は譜例2のように演奏される。

4. シュライファーについて

§1

接続的なアクサンに隣接して上か下にもう一つ音符が加えられると，シュライファーと呼ばれる。表Ⅳ，譜例12のように下向きの場合と，譜例13のように上向きの場合がある。3度の範囲を越えるシュライファーについてはツェルグリーデルンク（分散）の項で述べる。

訳注：索引より引用。クレ（仏）

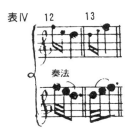

§2

記譜法に関して言うと，他の音符と同様に正確に書かなかったり，小さな補助音符で示したりしない場合，シュライファーはしばしば譜例14と15のようにクストスか，譜例16と17のように小さな斜線で示す。多声部で2つの3度がシュライファーによって重なる場合，通常譜例18と19のように斜めに線を引く。

§3

今日では表Ⅳ，譜例20と21のように2つの小音符のうちの最初に付点がつく変わったシュライファーも見られ，そこに記してあるように演奏するが，この書き方は曖昧であり，止めるべきである。

§4

シュライファーは楽曲の純粋さを傷つけてはならない。例えば表Ⅵの譜例14は間違いである。

訳注：平行8度ができてしまうことを意味する。

5．ドッペルシュラークについて

§1

この装飾は作曲上の装飾におけるハルプツィルケル（半円）に他ならないが，違いはハルプツィルケルが常に通常の音符で書かれるのに対して，ドッペルシュラーク（ターン）は記号や小音符で示されるという点だけである。

訳注：索引より引用。ドゥブレ（仏）

§2

ハルプツィルケルが最低音から入るか最高音から入るかで2種類あるように，2種類のターンがある。一つは表Ⅳの譜例22のように，もう一つは譜例23のように表記され演奏される。しかし前者の方が多く使われ，この記号になって久しいから，ひと目見てすぐに他と区別できるよう後者は譜例24のように表わす方がよいと筆者には思われる。ターンの小音符による書き方が表Ⅵの譜例5に見られる。表Ⅵの譜例6にはさらに前打音による例が書かれている。

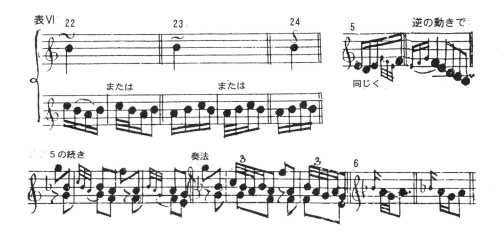

§3

　表Ⅵの譜例7に見られる装飾はロレまたはヴァルツェに他ならない。書き方に関して言うと，C. P. E. バッハ氏は表Ⅵの譜例8に見られるように主音符と同じ高さに小さな補助音符を書き，主音符の上にターン記号をつけてこれを表わしている。譜例7，8。

§4

　ターン記号の前にタイがある場合には，ターンの最初の音はあらたに打鍵しなおさない。表Ⅵ，譜例9。

6. トリラーについて

§1

　トリラーは上から下への接続的な前打音に起源がある。したがって基本的にはできるだけ速く下向きにくり返される一連の前打音に他ならない。1つの音をその上隣接音とできるだけ速く交互に反復させるという一般に行われている説明も，この新しい説明と矛盾しない。

§2

　この装飾が最も華麗で最も難しい。巨匠の作品の多くは初心者にこの2本の指でと強いることはほとんどできないから，初心者が10本の指すべてを使って試してみるとうまく弾けることがよくある。クラヴィコードの方がうまくいく人もいれば，チェンバロやオルガンの方がうまくいく人もいるが，これはよいトリラーに欠かせない2つの条件，つまり指の柔軟さと強さが人によって異なるからである。さらに左手の方が上手な人もいれば，右手の方が上手な人もいる。

§3

　多くの奏者の中からある奏者の能力を決めるのに，フランスではトリラーの熟練度で決めることが多いのに対して，ドイツでは流麗なパッセージをこなす指の速さで評価する傾向があることに筆者は気づいた。どちらかが備わってさえいれば，優れた演奏家の証明のように思われている。プロになりたいのならば，このいずれもが同程度に求められているのである。かなりの人がその両者をマスターしながら，合理的な使用方法を知らない。かと思うと中庸の技量の人でも真の競争者〔よく分かっている聴衆〕にはるかに多くの満足を与えている。

§4

　トリラーの記号としては表Ⅳの譜例25 (a) のように *tr* の2文字を書くか，+ (b) またはmか n (c) を用いる。最後の2つの文字によるものが最も適切であり，最もよく使われる。mを使ってもnを使っても同じである。比較的長いトリラーをmで，短めのトリラーをnで書く人がいるが，こだわりすぎである。トリラーの長さは音符の音価で決まり。浄書家や銅版彫刻家はmの代りにもnを書いても，その逆であっても許されるし，もともと作曲家が原稿の段階で間違えていたとしたら，その違いが何の役に立つだろうか。トリラーの長さ，短さ

は常にそれがつく音符の音価で決まる。

§5

　時としてmとnに関連してハルブ（2分の1）トリラーという名も目にすることがある。短いトリラーをこの名で呼ぼうとする音楽家がいる。しかし4分の3トリラーや8分の9トリラーというものはまったくないので，この命名には必ずマイナスが伴うと筆者には思われる。

§6

　2通りに解釈できる場合には，トリラーを表わす記号に臨時記号すなわちシャープ，フラット，ナチュラルをつけ加え，トリラーにすべき副音符の位置を示すのがよい。例えば表Ⅳの譜例26，27，28。

§7

　トリラーはどこにあろうと副音符から始めなければならない。そして終止する時点で最後の主音符がはっきりとわかるようにいくらか強調して終わる。教師はこのことを生徒にしっかりと理解させるべきである。

§8

　トリラーには2種類しかない。単純トリラーと複合（または2重）トリラーである。
　α）単純トリラーとは2つの音を交互に打鍵した後，他の音符を加えることなく，したがっ

て主音符上で終わるトリラーのことである。表Ⅳ．譜例25(a)。

β）2重トリラーまたは複合トリラーとは，2つの音を交互に打鍵した後，表Ⅳの譜例29(a)のように1音下から借りてきた後打音と呼ばれる副音符をすばやく打鍵して終わるトリラーのことである。書き方もここからわかるであろう。(b) (c)のように後打音も正確に書くことが多い。(d) (e)のようにトリラー記号の後や上にターン記号が一緒につくこともある。この場合，音符それ自体の音型を反復運動を除いて見ると，2重トリラーはつまりターンまたはハルプツィルケルに他ならない。したがってこれは最初の2音がトリラーになるターンとも説明できる。(f)にある2重トリラーの書き方は役に立たない。ちょうどある種のモルデントが書かれ，したがってその装飾の記号との差がなくなるからである。

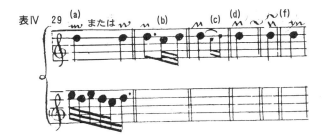

注釈

(1) トリラーになる音符のすぐ前に，トリラーの打鍵が始まる上の隣接音と同じ音符が先行している場合，トリラーは表Ⅳの譜例30のように正規に打鍵しなおす時と，譜例31のようにトリル運動を始める前に先行音を新たに打鍵せずに保持したまま次の音につなげる時がある。この2種のトリラーは形容詞をつけて区別する。前者はフライアー（自由な）トリラー，シュレヒター（簡素な）トリラー，アプゲシュトッスナー（短縮）トリラー，後者はアンゲシュロスナー（接続された）トリラー，ゲブンデナー（結合された）トリラーと呼ばれる。しかし，結合トリラーにしたい時には常に譜例31のようにタイを使って示さなければならない。

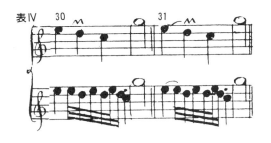

(2) 結合的な単純トリラーにおいて結びつけられた音符が無視され，トリラーの規則に反して，つまり主音符から始まり，トリラーが短縮されて3つの音符だけになると，それは不完全なトリラーではあるが，場合によっては決して少なくなく，正規の完全なトリラーよりも多く使われる。これには（α）表Ⅴ．譜例1のように速いテンポで順次進行して下がる場合，（β）譜例2のように短い主音符の前に長い前打音が先行している場合，（γ）2つは書き方が違うだけであるが，譜例3のように主音符が前打音によって短くなっている場合がある。C. P. E. バッハ氏は3音だけのこういうトリラーを，その速さの点からプラルトリラーと呼んでいる。さらにこれがフェルマータ上に来た時には前打音をたっぷり延ばし，その後非常に短いトリラーで，指をキーからすばやく上げて急に終わらせると記している。表Ⅴの譜例4をご覧いただきたい。

(3) ある音符に突然プラルトリラーをつけようとする場合には，主音符の前にトリラー運動となる 2 つの音符を小さな補助音符で示すか，他の音符と同じく正確に，つまり拍の分割通りに書かなければならない。演奏法は表 V の譜例 5 のようになる。C. P. E. バッハ氏はこの装飾をシュネラーと呼んでいる。音符で書かれる後者の場合も，短縮された接続的なトリラーであり，プラルトリラーと呼ばれる前者の場合も，このシュネラーが逆向きの短いモルデントに他ならないことは，次の第 7 節でモルデントを知っていただけばすぐにお分かりであろう。だからと言ってこういうシュネラーを決してモルデントと呼んではならない。クラヴィア奏者の中にそう呼ぶ者がいるのは滑稽である。どの装飾も常に正式のの名称で呼ばなければならない。

(4) トリラーを開始すべき高い方の音を，反復が始まる前に少し延ばすと，これは普通予備のある，アクセントつきの，あるいはシュヴェーベンデ（宙づりの）トリラーと呼ばれる。表 V の譜例 8 (a) をご覧戴きたい。こういう宙づりのトリラーは常に後打音で終わる。このトリラーは譜例 8 (b) のように小さな前打音の音符で示されることが多い。作曲家の中には，こういうアクセントつきのトリラーを書きたがらず，前打音つきの通常のトリラー（記号）で表現する習慣の者もいる。しかしこの書き方は間違っている。味わい深く弾くためにはこのトリラーはゆっくりと開始し，次第に速くして行く。

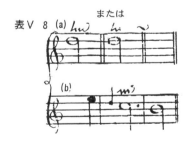

(5) トリラーを上か下からの速いターンで始動する場合，これはゲツォーゲナー（引き伸ばした），ゲシュライフター（シュライファーつきの）トリラーと呼ばれる。このターンは様々なやり方で書かれる。小さな音符によるもの，正規のトリラー記号の前に小さな鉤をつけるものなど。後者には表 V の譜例 9 のように上から下向きのものと，譜例 10 のように下から上向きのものがある。こういうシュライファーつきのトリラーはたいてい 1 つの後打音で終わる。

§9

トリラーの場合の後打音と違って終止部分では，表VIの譜例10, 11に見られるように終止音を先取りするのが普通である。

§10

表VI, 譜例12の (a) (b) (c) (d) (e) (f) (g) はただわずらわしいだけの装飾例である。後打音がうまくいっていないもの，終止音が前打音やモルデントやターンなどで飾り立てられているものなど，一部はタルティーニ風の演奏法の模倣の失敗例であり，一部はポーランド風な舞曲に由来する。これらを譜例13と混同してはならない。後者はよい例である。

訳注：ジュゼッペ・タルティーニ (1692～1770) イタリアのヴァイオリニスト，作曲家，教育者。

7. モルデントについて

§1

　ドイツ語でならクロイゼル（襞をつける）とでも呼ぶべきこの装飾は、主音符と下の隣接音とのすばやい反復であり、したがってトリラーの逆である。違いは次の通りである。1）トリラーでは隣接音から入るのに対して、モルデントでは音の反復はただちに主音符から始まる。2）本来のモルデントでは音の反復はトリラーほど多くない。モルデントの長さをどうするかは表Ⅴの譜例11の記号で示した。しかし(b)(c)は(a)ほど良くなく、それほど使われない。しかしトリラーと同じく長さに関係なく常に同じ記号が使われ、モルデントの長さは主音符の音価による。(d)を参照。

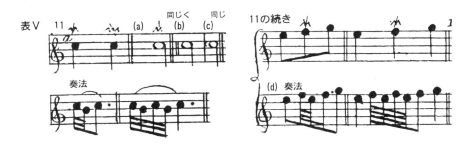

§2

　モルデントは突然中断することも多く、表Ⅴの譜例12のようになる。この場合、主音符と副音符を同時に打鍵し、その後で副音符の指を上げて主音符だけをはっきりと響かせる。これはピアノからフォルテに移る時、和音の響きを強化するのに効果がある。オルガンでは特に有効である。

§3

　C. P. E. バッハ氏は『試み』の中にラングザーマー（ゆっくりした）モルデントという名の装飾を載せている。これは声楽のゆっくりした楽曲の冒頭、歌手がフェルマータや休符に入る前にしばしば聴かれるもので、同氏は表Ⅴの譜例13, 14のように任意で特に指示されないものを挙げている。さらに譜例15のようにはっきり目に見える装飾、つまり作曲家が記している例も挙げておこう。

§4

モルデントの記号にもトリラーやターンの場合と同様，装飾音となる音符が普通の音階上にない場合は臨時記号をつける。

§5

表VIの譜例15、16に見られるようにモルデントにはしばしば前打音が先行する。これを譜例17のように音符の前と後に2つの鉤をつけて示す者もいるが，前者の書き方の方がよい。

§6

モルデントの代わりに速い前打音，ターン、複前打音，短い2重トリルーが使われることも多い。

8. ツェルグリーデルング(分散)またはブレッフング(アルペッジョ)について

§1

この装飾は多声部の楽曲でのみ使われ，2つ，3つ，あるいはそれ以上の縦に重なった音符を同時に奏せず，1音ずつ次々に奏することである。前述の分散的な装飾との違いは，次々に奏する音符をここでは一緒に響かせているが，そこでは違うという点だけである。

§2

ここで扱う和声的な分割は，表Ⅴ．譜例16のように下から上にも，譜例17のように上から下にも分割できる。分割を下から始めるときは最低音に，上から始めるときは最高音に斜線をつける。

§3

シュライファーを分割に適用したものをアクセント付きの分割またはアクセント付のアルペッジョ（装飾されたアルペッジョ）と呼ぶ。これはシュライファーのつく2つの音符の前の半弧で示される。上から下に奏すべきか，下から上に奏すべきかは，アルペッジョの記号で分かる。表Ⅴの譜例18, 19をご覧いただきたい。譜例20のように2つの半弧があったら，同じ部分に2つのシュライファーがあることを示す。譜例21のように半弧が4度をなす2つの音符の前についていたら，普通その間のすべての副音符も奏する。3度や4度のシュライファーは譜例25, 26のように小さな音符で示すことも多い。

訳注：＊印を付けた斜線の書き方は，H・クロッツによるとマールプルクにのみ見られる（ハンス・クロッツ著「バッハのクラヴィア，オルガン作品の装飾法」広野嗣雄訳，シンフォニア刊）。
訳注：表Ⅴ，譜例19, 25, 29では欠落している斜線を書き加えた。

§4

シュライファーの代わりに「モルデントについて」の§2〔71頁〕で述べた突然休止型のモルデントを用いることも多い。これをするには,シュライファーとなるべき音符を主音符と一緒に打鍵し,ついで副音符の指を上げる。表Ⅴの譜例22でおわかりのように線が狭くて音符では表現しにくく,これはむしろ演奏してみせる方がよい。

§5

表Ⅴの譜例23,28のようにアルペッジョが始まる音符の前に前打音が先行していることも多い。譜例24のヴァルツェ,譜例27のターン,譜例29のトリラーのことも多い。

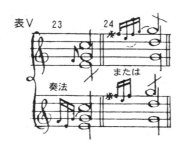

第2部
クラヴィア演奏の実践的原則，または運指法

序　論

§1

　運指法——アプリカトゥールとも呼ばれる——を良くするには，1）弾き易いこと，2）［次音に備え］姿勢をととのえて待機させることの2つをうまく両立させなければならない。運指が容易でないと正しいキーをはずす危険があり，2つ一緒に打鍵したり，間違ったキーを打鍵したりすることになる。キーへのタッチの強さが適当でないと，ひとつながりの音がきれいにまとまらない。パッセージの速い動きで拍の重さに留意しないと，音価の長い音を短くしたり，その逆のことをしたりする。指を早く上げすぎたり長く押しすぎたりすると，切るべき音符をつなげたり，その逆のことをしたりする。要するに，音と音との結びつきが適切でなくなる。弾きにくければ，一般に不用意にもなる。そこから当然生じてくるぎごちなさを感じ取れはしても，未熟な運指のまま音の流れをきちんとしたものにするべく，あらゆる努力を払う結果になる。そうなると，両手の位置が悪かったり，指がねじ曲がったり，不必要に緊張するあまり手を広げすぎたり縮めすぎたりして混乱してしまう。

§2

　したがって，運指を任意の問題と考えるクラヴィア奏者は絶対に間違っている。確かに様々な音型に複数の運指が可能だというのは正しい。しかしあらゆる可能な運指法にも，使われる箇所によって必ず優劣がある。音そのもののタッチのためとか，他の音との結びつきのための場合もある。つまり，数ある良い運指の中からの選択は，同じパッセージにおいても決して任意ではなく，常に続く音の流れから決定される。運指の第1原則を生んだ経験の教えるところでは，1つの音符を打鍵する前に必ず次の音符を見よ，ということになる。これは弾き易さからも姿勢をととのえるという点からも要求されることである。

§3

　しかし音の進行が同じでも複数の運指が可能なことが多いから，常にその動きが手に及ぼ

す影響，そこから生ずるタッチの安定，不安定を考慮しなければならない。ここから次のような第2原則が生まれる。大きな動きを必要とするものより，最少の動きで済む運指を常に優先させる。弾き易く姿勢のととのった運指を生むもととなるこの2つの原則から，運指に関するすべての細則や禁則が生まれる。以下の節でこれを扱うことにする。

第1章　各指の特殊な用法について

§1

　両手の5本の指すべてを，親指も小指も含めて例外なく使うべきことはすでに述べた。より長い3本の指だけですべてを可能にしようとするのは，両手とも必要なものを片手ですまそうとするのと同じく愚かなことである。しかし親指はできるだけ大きなキー（幹音キー）にのみ関係させるべきだし，短いのだから他の指が同時に半音上にでもない限り小さなキー（派生音キー）に用いるべきでない。タイ，オクターヴ，または第2指と第5指ではうまく弾けない広い音程，さらに高い方の音が半音上にあって，かつそれが親指になる左手のトリラー，例えば aとb，hとcis のトリラーなどの場合も同様であるが，これらは親指を小さなキーにも使えるというだけでなく，使うべく要求されている事例でもある。このような理由から表Ⅵ．譜例18(a)の右手の運指と譜例19の左手の運指はよくない。前者は表Ⅵ，譜例18(b)，後者は譜例20のようにすべきである。
訳注：原文では譜例18(a)となっているが，譜例18(b)の誤りである。

注釈

指の番号は常に次のように使う。

　　　親指　　　　1
　　　人差し指　　2
　　　中指　　　　3
　　　薬指　　　　4
　　　小指　　　　5

両手とも同じである。

§2

　小指は親指よりは長いから，親指よりは楽に派生音キーに使える。しかし派生音キーは幹音キーよりも常にいくらか強い圧力を必要とするのに，小指は最も弱いから，他の指の方がより楽に易しく進行できる箇所には，小指を派生音キーに使用することは常に避けるべきである。そういう便利な指がない時には小指を派生音キーに用いることになる。パッセージ，アルペッジョ，タイ，それに1声部でも多声部でも，跳躍的進行でも順次進行でも起こり得る。これについては次項以降でも扱う。

§3

　次に2つの原則から様々に派生する細則を扱い，最後にいくつか追加することにしよう。

第1則
　指［ポジション］を替える場合には短い指の上を長い指で越え，長い指の下を短い指でくぐらせて替えるべきであり，逆に長い指の上を短い指で，短い指の下を長い指で移行してはならない。

　しかし，第1に指が他の指の上や下を移行する時に，もつれたり難しくなってはいけない。指が他の指の上か下を通ってそのキーに軽く触れたらすぐ，ほんの少しの動きで手を自然な位置や形に戻さなければならない。第2に上行であれ下行であれ交差する2本の指は互いにあまりに強さが違っても，同じような長さでも離れすぎていてもいけない。タッチが不安定になるからである。このような理由から，他の指の上や下から指位置を替える場合に弾き易さと良い姿勢を保つには次の方法のみが利用できることになる。

1）第2指，第3指，第4指が親指の上を越える場合。右手の例：表Ⅵ．譜例21, 23, 25, 27。左手の例：譜例22, 24, 26, 28。

2）親指が第2指，第3指，第4指の下をくぐる場合。右手の例：表Ⅵ．譜例29, 31, 33。左手の例：譜例30, 32, 34。

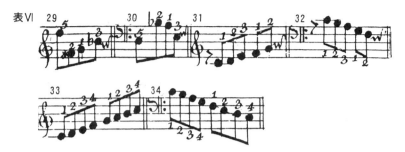

3）第3指が第4指の上を越える場合。右手の例：表Ⅵ，譜例35。左手の例：表Ⅵ，譜例36。これはもっとも難しく，指がからまないよう特に練習すべきである。この運指は大きなキーでのみ使われる。

注釈

次に挙げる運指法のうち，一部は完全な誤りで，やめるべきもの，一部は状況次第では許されるものである。

1）小指が親指の上を越えたり，親指が小指の下をくぐる場合。右手の例：表Ⅵ，譜例37 39。左手の例：譜例38, 40。こういうポジションがいかに自然で容易に見えようとも，これは不安定であり，したがって誤りである。

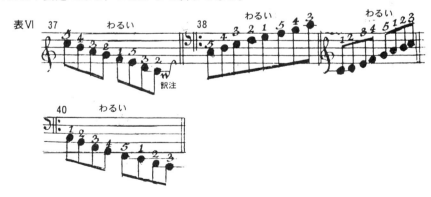

訳注：1532とあるが，1543の誤植と想われる。

2) 小指の上を中3本の指のいずれかで越える場合。これは先行する跳躍の後か，半音の場合にのみ許される。右手の例：表Ⅵ，譜例41，42。左手の例：表Ⅵ，譜例43，44。逆に右手に関して表Ⅶ，譜例1，左手に関して譜例2の運指は絶対に排すべき悪いものである。しかし表Ⅶ，譜例3，4は状況によっては許される。しかしそういう状況を未然に防ぐ方がもっとよい。

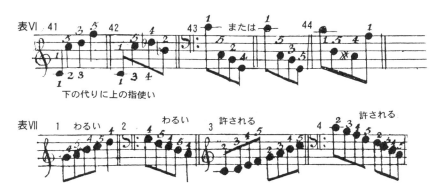

3) 中3本指のいずれかの下で小指を交替させる場合。これもやはり跳躍か，ゆっくりした動きの半音の場合にのみ許される。右手の例：表Ⅶ，譜例5。左手の例：譜例6。このほか，右手の表Ⅶ，譜例7，左手の譜例8にあるポジションは許される。

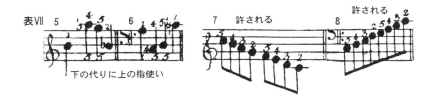

4) 長い3本指のいずれも他の長い指の下を通って交替できないことは見ただけで分かる。だからここには禁則は必要ない。

5) 第2指と第4指は互いに上からはうまく移動できない。したがって右手の例：表Ⅶ，譜例9，11，左手の例：表Ⅶ，譜例10，12は，多声部などでやむを得ない場合にのみ許される。

6) 右手の例：表VII．譜例15，左手の例：譜例16のように大きなキーでの幅広いパッセージで第2指を第3指で越える習慣の者がいる。この場合，指がからんだりぶつかったりしなければ，この運指は許される。同じく第4指の上を第3指で越えさせるのも許される。これとは異なるパッセージの場合，ましてその中に半音があれば尚更こういうポジションは用いられない。

7) 右手の例：譜例13，左手の例：譜例14の運指では第3指の上を第2指で越えているが，これは完全な誤りである。

第2則

同じ高さであれ，異なる高さであれ，同じ指を2度続けて使うことはできない。但し次の場合を除く。

1) あまり速い動きではない場合。しかも2つの音符が同じ高さにある場合。表VII．譜例24^{訳注}のように進行上指を替えなければならない場合でも，同じ指を使うことができる。

訳注：表VII．譜例25に右手の例が載っている。

2) 2つの音符の間に休符がある場合。

3) 多声部で指に無理が生じる場合。表VII．譜例18。

4) 2つの音符のうちの前者に短さが内在し，ましてそれが譜例17のようにスタッカートになっていて，後者との間に短い休符があるのと同じ場合。

注釈

α) シュヴェルマーは両手とも，表Ⅶ．譜例19, 20のように第1指と第2指，または第2指と第3指で演奏するのが最もよい。表Ⅶ．譜例21のように5本の指全部を交替に使うのは非常に悪趣味で，やめるべきである。

β) 段階的に下行または上行するパッセージは，すべて表Ⅶ．譜例22, 23のように演奏される。右手か左手かは音部記号からお分かりいただけよう。

第3則

スラーにおいて同じく指に無理が生じたり必要以上に他の指の上下を移動したりすることを避けるために，1本ないし複数の指を飛ばさなければならない。

右手の例：表Ⅶ．譜例26，左手の例：譜例27をご覧いただきたい。飛び指の箇所に＊印がついている。

第4則

　先行音と次の音との結びつきを緊密にするために，1つの音の上で新たに打鍵せずに指をすばやく替えなければならない。

　右手の例，表Ⅶ譜例28，左手の例，譜例29をご覧いただきたい。指を交替する箇所には2つの数字が書かれている。

第5則

　一方の手に複数の声部があって，それが片手だけでは弾けない場合，もう一方の手でそれを助けなければならない。

　表Ⅶ. 譜例32 (a) をご覧いただきたい。この例は両手で引き継いで譜例32 (b) のように演奏されなければならない。上向きの棒がついている音符は右手で，下向きの棒がついた音符は左手で演奏する。

第6則

　声部が交差している場合は，手も交差させなければならない。

　表Ⅶ. 譜例30をご覧いただくと，上の声部が＊印の箇所で下の声部より3度下に行っている。譜例33では2つ目の＊印の箇所で下の声部が第1声部より3度上に行っている。同じことは譜例31の＊印の箇所でも起きているが，下向きに棒のついたこれらの8分音符はすべて左手で演奏すべきである。両手がかなり遠くまで交差する部分では，交差の度に音部記号を変えて，同じ手で演奏すべき部分が同じ譜表上に見えるようにするとよい。

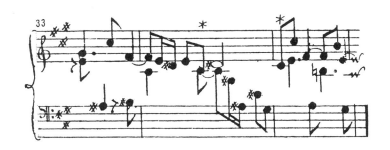

第7則

　両手が同音上で出会ったら，その音は両手で弾かなければならない。そして，その後，一方の手が進行して行っても，もう一方の手はその音符の音価が続くまでそこに留まる。表Ⅶ．譜例33，最初の＊印の箇所。しかしこの場合，表Ⅶ，譜例31(a)の $\substack{f \\ d}$ や $\substack{e \\ c}$ のようになっていたら，この箇所は(b)のように演奏する。ここでは他の手が同じ音を弾いたらすぐ他の手は上げる，つまりすぐに切るべきことが分かる。同じパッセージが2段鍵盤で奏される場合は別で，先ほど切った音符も常に音価を保持する。

訳注；前頁第6則の譜例参照。

第8則

　すべてのトリラーとモルデントは，通常右手の場合は第2指と第3指，同じく第3指と第4指で，左手の場合は第1指と第2指，同じく第2指と第3指で弾かれる。右手のトリラーの例外として，例えばeとfisのように上の音符が小さなキーに来る場合，第3指と小指，または第2指と第4指を使う。硬い鍵盤の場合はなおさらである。左手では，例えばaとbのように上の音符が半音上にある場合には，指を交差させて，親指を下の音に，第2指を上の音に当てることが多い。これらを参考に各人で弾き易い方法を取るとよい。一方の手に5度から6度の間隔を持つ2声部があり，そのどちらかの声部にトリラーがついている場合，両端の指はトリラーには使わないという通常の運指の原則に反しても，ここは当然例外であると認められる。普通の3度が2つ連続している場合には正規の指の交替でできるが，3度の2声トリラーは当然のことながら両端の指を使うことになる。しかしめったに成功しない。

第2章　多声部樂曲の運指法について

　多声部楽曲において複数の運指が可能な箇所では，選択にあたり各人の指の長短からくる弾き易さの違いに特に注目しなければならない。次に2声，3声，4声の様々な楽曲をクラヴィア演奏法に照らして順次詳細に検討していくことにしよう。

（α）右手，左手のための2声部楽曲
1）2度のもの。
　　半音から成る短2度と全音から成る長2度は，本来は隣りあう2本の指で弾くべきである。表Ⅶ，譜例34に右手の例，譜例35に左手の例がある。しかし隣の指を飛ばした方がよい場合もある。譜例36が右手の例，譜例37が左手の例である。1個半の全音を含む増2度は3度と同じで，次項を参照していただきたい。譜例38に右手，譜例39に左手の例がある。

2）3度のもの。
　　これは長3度も短3度も含めて，右手の例が表Ⅶ，譜例40，左手の例が譜例41に見られるように，それぞれ中間の指を異にする2本の指で弾く。隣りあう2本の指を使う場合には，どちらの手とも第1指と第2指，または第4指と第5指のように常に端の指に限る。表Ⅷ，譜例35に右手の例，譜例36に左手の例がある。やむを得ない場合には，譜例

37, 38のように第2指と第3指で弾く。しかし上の音符にトリラーをつけるべき時はこのポジションは誤りである。その場合は譜例39, 40のようにすべきである。譜例37, 38にある第4指と第1指との組み合わせにも注目していただきたい。速い動きで上行や下行するさまざまな3度は，その中に半音が含まれない限り，譜例41 (a) と譜例42のように同じ指で弾くことができる。そうでない場合には，同時に2本指ともではなくても，できるだけ指を替えるべきである。

表Ⅶ

表Ⅷ

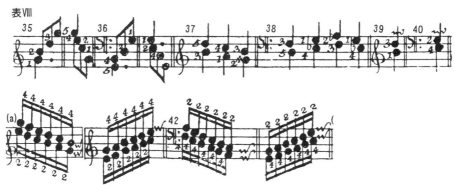

3) 4度のもの。

4度は通常第1指と第4指または第2指と第5指で弾く。やむを得ない場合は，第1指と第5指，第3指と第5指，第1指と第3指，第2指と第4指で弾く。同じく右手で第1指と第2指，左手で第5指と第4指を使うこともある。右手の例：表Ⅷ，譜例43，左手の例：譜例44 をご覧いただきたい。

4) 5度のもの。

この場合，第1指と第4指，第1指と第5指，第2指と第5指で弾く。右手の例：表Ⅷ，譜例45，左手の例：譜例46。例外は譜例47, 48に見られる。

5) 6度のもの。

これは5度と同じである。表Ⅷ,譜例49,50。例外は譜例51,52に見られる。大きなキー上での速い動きの連続した多くの6度は表Ⅷ,譜例41(b)のように指を替えずに進行させる。

　　訳注：原文は譜例40となっているが、誤植であろう。

6) 7度のもの。

通常第1指と第5指で弾く。指が十分に長ければ,例外的には第2指と第5指,第1指と第4指で弾く。右手の例：表Ⅷ,譜例1,左手の例：譜例2をご覧いただきたい。

7) オクターヴのもの。

オクターヴは大小のキーに関わりなく常に親指と小指で弾く。例は必要ないだろう。

(β) 右手,左手のための3声部楽曲
1) 4度のもの。

右手の例：表Ⅷ,譜例3,5。左手の例：譜例4,6。

2) 5度のもの。
　右手の例：表Ⅷ，譜例7，9，11。左手の例，譜例8，10，12。

注釈

　5度の音程の中が3度ずつに分かれている，つまり完全3和音をなしている場合，右手の第2，3，5指を，いつもではないが，調によっては使う者がいる。タイや止むを得ない場合にこの運指は時には許される。しかし，和音が自由に打鍵できたり，タイのために特に必要でないなら，こういう指のポジションは勧められない。弾き易さや良い姿勢を損なうからだけでなく，第2指が下にくるとすべての調で唯一つの運指となり，各3和音ごとに第3音に第3指を用いるべきか，第4指を用いるべきかをまず考えなければならないからでもある。

3) 6度のもの。

　　右手の例：表Ⅷ，譜例13，14，15，16。左手の例，譜例17，18，19，20。

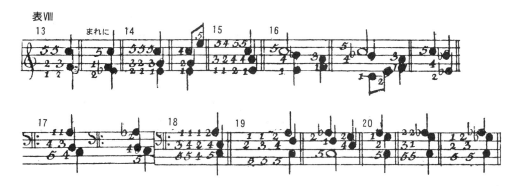

4) 7度のもの。

　　右手の例：表Ⅷ，譜例21，22，23，24，25，26，27。左手の例：譜例28，29，30，31，32。

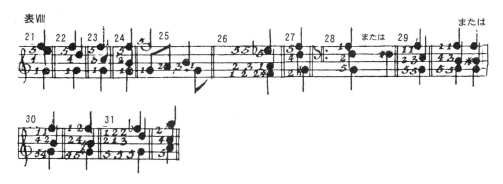

5) オクターヴのもの。

　　右手の例：表Ⅷ．譜例33。左手の例，譜例34。

（γ）右手，左手のための4声部楽曲

1) 5度のもの。

　　右手の例：表Ⅸ，譜例1。左手の例：譜例2。

2）6度のもの。

　右手の例：表IX，譜例3 (a) (b) (c) (d)。左手の例：譜例4 (a) (b) (c) (d)。

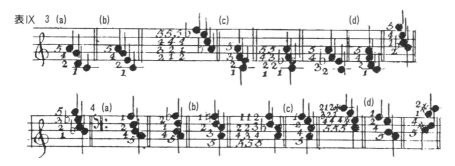

3）7度のもの。

　右手の例：表IX．譜例5 (a) (b) (c)。左手の例：譜例6 (a) (b) (c)。

4）オクターヴのもの。

　右手の例：表IX．譜例7 (a) (b) (c) (d)。左手の例：譜例8 (a) (b) (c) (d)。

注釈

　多声部楽曲でオクターヴ以上に広い場合は，当然のことながらもう一方の手で補助できない時には必要上あらゆる手段を講じてよい。9度や10度は（これ以上は広がるまい。非常に長い指が必要になる）小指と親指を使わざるを得ない。

第3章　運指法規則の詳細な適用について

§1

　初心者の初期のレッスンの段階では，これまでの2つの節で述べたことはすべて考慮しなくてよい。初心者にはまず次に挙げる例の練習だけを与える。初心者がこれを習得したら，正規のクラヴィア曲を弾く際に前述の諸規則を説明するとよい。我々がそれらを第一に挙げた理由は他でもない，次の練習用課題に現われる運指がどのような理由からそのような構成になっているかをよりよく知ってもらうためである。

§2

　他の指の上や下を通して指を交替させる前に，まず1音ずつ順に進行する練習をさせなければならない。したがって生徒がまずすべき第1の練習は，各々の手の5本の指を使って，最初は片手ずつ，次に両手であらゆる音を，与えられた音から5度まで1音ずつ上行，下行することである。表X，譜例2の上の数字は右手，下の数字は左手を示している。この練習は特に指をすばやく上げるのに役立つ。そして第4指と小指がいくらか強くなる。これはまず長調，それもヘ長調から始め，5度ずつ上げてホ長調まで進める。それが済んだら表X，譜例3のように短調に変え，前と同じことをする。つまりヘ短調から始めて5度ずつ上げ，同じ練習をホ短調まで進める。

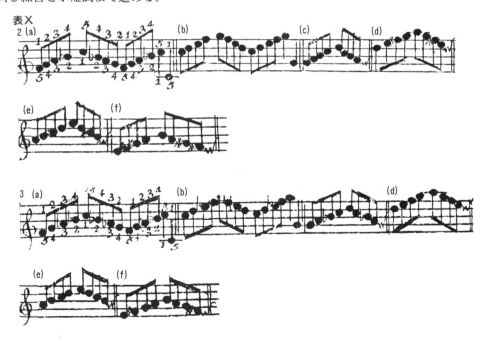

§3

　第2の練習はオクターヴまで広がるが，その際それを両手に分ける。つまりそれぞれの手は交代で4音ずつを受け持つのである。この練習はハ長調から始め，5度ずつイ長調まで進める。表X，譜例4。短調はハ短調から始め，やはり5度ずつイ短調まで進める。表X，譜例5。この2つの練習のいずれでも，続くすべての調に進ませなかったのは，そのためには別の運指が必要になるからである。これらの練習を通して初心者の指に要求されるのは，指を1音ずつ進められるようになること，同時にその指が大きなキーにも小さなキーにも，つまり幹音にも派生音にもいくらか慣れること，それだけである。このようなささやかな予備練習の後に初めて，より難しい音型に進むことができる。この点についてはそれにふさわしい運指とともに，以降の章で作曲上の装飾の解説と合わせて説明することにしよう。

表X

第1節　回転的楽句と音階的楽句の運指法について

§1

　音階的楽句〔走句〕は最も難しいものを要求されるから，特に練習しなければならないし，それも普通の調だけでなく，あまり使われない調も試みなければならない。たとえいわゆる難しい調のものはそれ程多くは作曲されないとしても，やさしい調の作品中で部分的にでも難しい調に移行したり転調したりすることはよくあることである。順調に上達し続けたかったら，調を区別せずにあらゆる調の運指のメカニズムに前もって通じておかなければならない。パッセージやトリラーほど運動神経の柔軟性，しなやかさのために役立つものはない。しかしトリラーはただ前述の運指で，あらゆる調とあらゆるキーで，最初は片手で，次に両手同時に練習する他に規則はなく，適切な打鍵を習得できる。逆にパッセージには上行，下行における様々な長調と短調の基準に応じた規則が必要である。次に挙げる7つの例だけでここに必要なものすべてを習得することができる。これに熟達すれば，何一つとして準備不足のものはなくなると言えよう。これで解決できない問題はあり得ない。

第1例

　表XI．譜例1の上行音階には12の長調の主音から12度までの音が含まれている。下の数字はすべて左手の運指を示す。数字のついていない音符の運指は先行するものに準ずる。

表XI

第2例

　表XI．譜例2の下行音階にはやはり12のすべての長調の音が含まれている。数字に関しては前例通り。

表XI

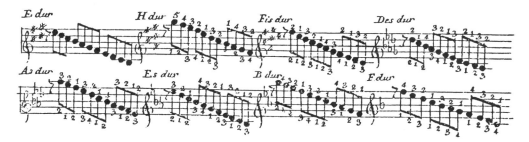

第3例

 表XI．譜例3の上行音階には12のすべての短調の音が含まれている。数字に関しては前例通り。

第4例

 表XII．譜例1の下行音階には12のすべての短調の音が含まれている。数字に関しては前例通り。

表XII

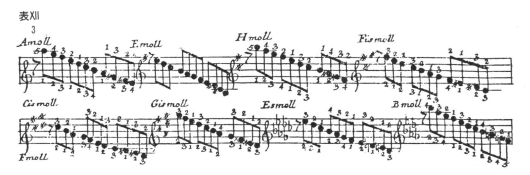

第5例

　表XII. 譜例2は両手同時の練習で，12の長調の音を互いに上下反行させるようになっている。ここのいくつかの音で運指が表XI. 譜例1や譜例2とは異なることにお気づきであろうが，この場合はこの運指の方が良いというだけでなく，できるだけ多くの良い運指を知って欲しいという目的もある。

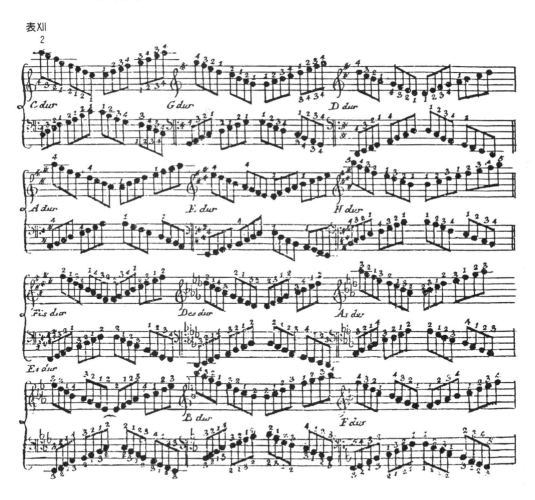

第6例
　表XIII．譜例1は，旋律線が異なる他は前例と同じ構成である。これは音階と同時にドッペルトリラー［二重トリラー］の運指法を練習する機会でもある。トリラーのうち1つの音符に対して上下2段に数字のついているものは，2通りの運指法でのトリラーが可能なことを示す。すべてどちらも利用できる。

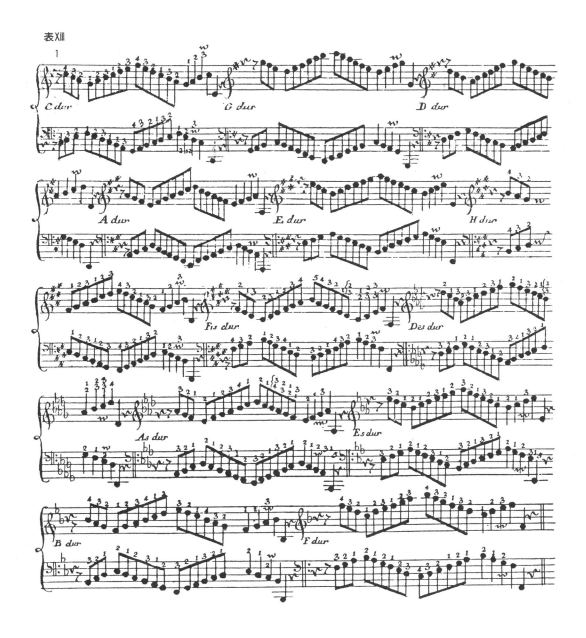

第7例
　表XIII．譜例2は最も難しい。12の長調を通して最初から最後まで休みなく続く上にえ回転や分散する部分が含まれるからである。上の数字が右手，下の数字が左手である。

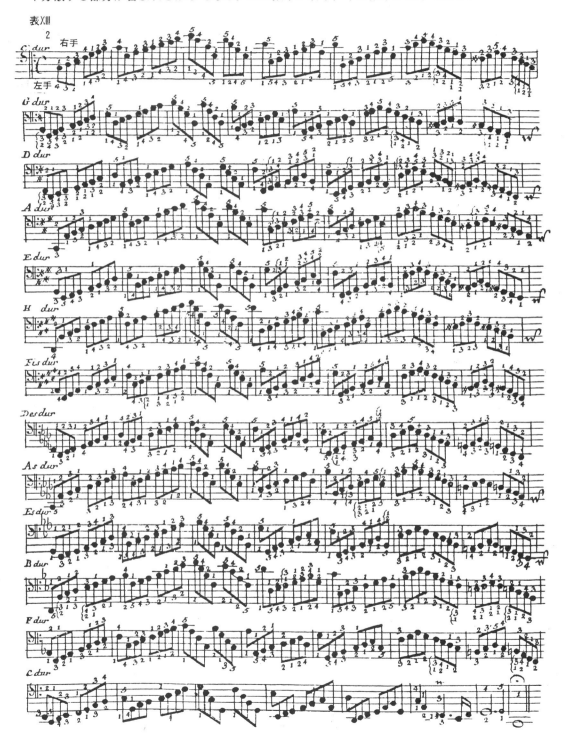

§2

　回転的音型は音階的音型と同じく常に順次進行し，ただ幅がそれほど広がらないだけであるから，運指はこれまで十分に説明してきた音階的音型から導き出せる。蛇足ながら，表IX．譜例9に見られる上行例と譜例10に見られる下行例を挙げておこう。上の数字が右手，下の数字が左手を示す。この例には，指を飛ばすことはあるけれども，横並び方向に使う運指と上下からの移行による2通りの運指があり，これを2段の数字で示した。

§3

　こういうパッセージをずっと順番に見て行くと，しばしば1本または複数の指を飛ばさなければならないことが，表IX、譜例11，12，13，14，からお分かりいただけよう。

第2節　分散的音型と跳躍的音型の運指法について

§1

　分散的楽句と跳躍的楽句での正しい運指を見つけるほど難しいものはない。そういう跳躍を生み出した和音に溯らなければならないからである。例えば表IX，譜例15の分散和音（アルペッジョ）は譜例16に基づいている。したがって譜例15で示した運指は譜例16のそれに完全に一致している。この場合，次のことに注目しなければならない。1）和音を自由に打鍵する場合には――クラヴィア奏者の中にはこれをシュトップフェン（詰め物をする）と呼ぶ者もいる――同じ指で進行できるが，ここでは先行する和音の最後の音符と後続の和音の最初の音符は常に異なる指でなければならない。2）したがって同じ和音に対するいくつかの可能な運指のうち，前後の音の進行を正しく結びつけるのに最も適切なものを選ばなければならない。もう1例あげよう。表IX．譜例17の分散和音は譜例18の和音に由来する。和音の自由な打鍵，例えば伴奏では，譜例19のように同じ指，ここでは第2指が2回連続して現われる指使いでも問題はない。逆に分散和音ではこの運指は真似できず，譜例20のようにはならない。ここは譜例21のようにすべきである。3度ずつはなれた5度の広がりの3声部の楽曲について学んだことを思い出していただけば，最後の3音の運指もやはりこの和音の良い運指に基づいていることがお分かりいただけよう。分散和音が和音に関係あるとは言っても，進行によっては分散和音の中で和音による運指から離れねばならない。

§2

　3度の連続は表IX．譜例22, 23のように弾く。上の数字が右手，下の数字が左手である。

§3

表IX．譜例24，25，26，27，28，31，32，33，34には3度，4度，5度，6度，オクターヴの混ざった跳躍が見られるが，これらの運指ではつながりの関係から，本来その和音に属する指とは違う指を使う必然性を認めていただけよう。しかしこういう原則とは逆に，オクターヴの跳躍でも小さなキーの場合は両端の指よりも第2指と5指の方が弾き易いことがあるのは，表IX．譜例29，30でお分かりいただけよう。

§4

蛇足ながら，12の長調の音から成る多くが跳躍しているパッセージの例を挙げよう。表X．譜例1の上の数字は右手，下の数字は左手である。

表X

第3節 混合的音型の運指法について

　表XVから最後までの銅版譜表に見られるいくつかのクラヴィア曲は，これまで学んできたすべてに対するささやかな実践的復習として役立つ。これらをマスターすれば，より難しいものに取り組む機会に十分めぐまれることであろう。

索引

アウフハルテン（掛留）Aufhalten (retardare) eine Note　49

アクサン Accent　54　→フォアシュラーク（前打音），ナハシュラーク（後打音）60

アクセント（装飾）付きのアルペッジョ accentuierte Brechung　→ブレッフング　51, 73

アダージョ Adagio, ポコ・アダージョ poco adagio　24

アッサイ Assai　23　フォルテ，ピアノ，アレグロ，アダージョに添えられる　→各語

アッフェトゥオーソ Affetuoso　24

アップキュルツェン（短縮）Abkürzen　47→アップシュトーセン　34

アップザッツ Absatz　14
　　－鍵盤上のグループはいくつあるか　14
　　－なぜオクターヴというか　14
　　－音楽作品における区切り　35

アップシュトーセン（スタッカート）Abstoßen　37

アップツーク Abzug フランス語で chute（ディミヌエンド）と呼ばれるもの　57

アプリカトゥール（運指）Applicatur　→運指　75

アモローソ Amoroso　24

アラ・ブレーヴェ Allabrevetact　26
　　－大アラ・ブレーヴェ der grössere　26
　　－小アラ・ブレーヴェ der kleinere　27

アリオーソ Arioso　24

アルト Alt　39

アルペッジョ Arpeggio　51, 72　→ブレッフング

アレグレット Allegretto　23

アレグロ・アッサイ Allego aßai　23

アンシュラーク Anshlag　装飾の1種　60

アンダンテ Andante　24

アンダンティーノ Andantino　24

1度，同度 Einklang　40

ヴァリアツィオーン（変奏）Variation　51
　　－どこから生まれたか　51

ヴァルツェ Walze（Groppo 伊）　50
　　－小さな補助音符が前に置かれる　64

ヴィヴァーチェ Vivace　23

ヴェクセルノーテ（変過音）Wechselnote　45

ヴェローチェ Veloce　23

ヴェンドゥング（転換）Wendung　51

動き Bewegung　23
　　－拍子における　23
　　－両手の動き　11

運指 Fingersetzung　75
　　－序論　75
　　－弾きやすく準備を整えなければならない　75
　　－任意ではない　75, 76
　　－他の指の上下から指を移行する場合　77
　　－同じ指を続けて使う場合　80

101

―指を交替する場合　82
　　　―手を引き継ぐ場合　82
　　　―両手が交差する場合　82
　　　―同度上の両手の動き　83
　　　―モルデントおよびトリラーの運指　83
　　　―多声部楽曲の運指　84
　　　―１声部楽曲の運指　90
　　　―回転的および音階的楽句の運指　92
　　　―分散的および跳躍的楽句の運指　98
　　　―混合的音型の運指　100
ウンターシュラーク（下打音）Unterschlag　46，59
嬰記号と変記号　Erhölungs- und Erniedrigungszeichen　16
演奏上の装飾　Spielmanieren　44
　　　―作曲上の装飾との違い　44
　　　―演奏上の装飾について　52 → アクサン，トリラー，モルデント，前打音，後打音，ブレッフング，シュネラー，プラルトリラー，ターン，ベーブング
演奏する，弾く　spielen　初心者が速く弾くことは有害である。なぜか。13
オクターヴ　Oktave　音程の１種　40
　　　―クラヴィアにはいくつのオクターヴがあるか　14，15
音　Ton　14
　　　―７つの幹音　Sieben Haupttöne　14
　　　―５つの派生音　fünf Nebentöne　16
　　　―半音　halber Ton　16
　　　―全音　ganzer Ton　16
　　　―トラーゲン・デア・テーネ　das Tragen der Töne　37
親指　Daumen　76，77 → 指
音階的音型（走句）Lauffende Finguren　49
　　　―その運指 → 運指　92
音型　Figure → 装飾　44
　　　―狭義のまたは広義の　46

音程　Interval　16，40
　　　―いろいろな音程　40
音度　Stuffe　各線や間のことを言う　19
音符　Note　19
　　　―その種類　19
　　　―経過音　durchgehende Note　45，46
　　　―変過音　Wechselnote　45，46
　　　―和声的副音符　harmonische Nebennoten　45，46
　　　―長短が内在している　innerliche lange und kurze　26，75
　　　―先取音　vorausnehmen（anticipation）　48
　　　―掛留音　aufhalten（retardare）　49
　　　―半分割　halbieren　47
音部記号　Schlüssel　21
　　　―その種類　21
　　　―フリューゲルに最適なものは何か　22
顔つき　Minen　どうやって直すか　11
教材　Lektion
　　　―初心者の教材　13
　　　―完全に弾けるまで新しいものを初めてはいけない　13
カデンツ　Cadenz　何から作られるか　21
幹音　Hauptton → 音　14
ガング（経過句）Gang　51
カンタービレ　Cantabile　24
キー　Tasten　11
　　　―どのように打鍵すべきか
９拍子　30
　　　―８分の９拍子，４分の９拍子-Neunachttheile＝Viertheiltact
休符　Pause　33
　　　―…ゲネラルパウゼ　Generalpause　33
　　　―付点休符にする人もいる　34
　　　複合拍子においてはこの書法が最も快適であると思われる
クストス　Custos　36

9度 None (die)　40
クラヴィア Clavier　何時学習を始めるべきか　9
　→鍵盤，キー，オクターヴ
クラヴィコード Clavichord　10
　―初心者の楽器としてはふさわしくない理由　10
グラーヴェ Grave　24
クラウゼル（終止形）Clauseln　35
　―楽曲における　35
グラツィオーソ Grazioso　24
クロイゼル Kräusel　装飾の1種　71　→モルデント
クロイツ（シャープ）Kreuz　16
　―単なるおよび2重の　einfache und doppelte　16, 17
　―シャープは5度ごとに増えていく　42
経過音 Durchgehende Note　→音符　45
経過句 Gang　51
掛留　→アウフハルテン　49
鍵盤　Griffbrett　→キー，タッチ，クラヴィア
　―鍵盤の区分 Griffbrett, Eintheilung desselben　14
　―子供のためにはキーの状態はどうあるべきか　9
　―鍵盤の前にどう座るか　10
後打音 Nachschlag　→ナハシュラーク　59, 67
5度 Quinte　40
混合された装飾 vermischte Manieren　51
コン・ディスクレツィオーネ Con Discrezione　25
コン・テネレッツァ Con Tenerezza　25
コントラ Contratöne　コントラ音とよばれるもの　15
作曲上の装飾 Setzmanieren　44
　―演奏上の装飾との違い　44
　―作曲上の装飾について　44
　―浮動的装飾 schwebende　49
　―音階的装飾 laufende　49
　―回転的装飾 rollende　50
　―分散的装飾 gebrochne　51
　―混合された装飾 vermischte　51
　―その運指　→運指
3度 Terz　40, 41
3度のトリラー（2声の）Terzentriller (Zweistimmiger)　68
3拍子 Tripeltact　25　→奇数拍子
　―2分の3拍子 Dreizweitheiltact　28
　―4分の3拍子 Dreiviertheiltact　28
　―8分の3拍子 Dreiachttheiltact　28
3連符 Triolen　31
システム System　19
　―音楽上の諸記号のうちそう呼ばれるものは何か　19
7度 Septime　40
シチリアーナ Siciliana　24
終止記号 Schlußzeichen　38
10度 Decime　40
12拍子　29
　―4分の12拍子，8分の12拍子 zwolfviertheil =achttheiltact　29
シュヴェーブング Schwebung　→ベーブング　54
シュヴェルマー Schwärmer (Bombo伊)　47
　―跳躍的 springender　47
シュトップフェン Stopfen　98
主音符 Hauptnote　44　→音符
シュネラー Schneller　69
主要音 Hauptton　14　→音
シュライファー Schleifer (coulé仏)　装飾の1種　62
シュライフェン（レガートで奏する）Schleifen (ziehen die Note)　36
　―スタッカートの反対　36, 37
シュレッペン Schleppen　→アウフハルテン
循環曲 Zirkelstück　35
上打音 Ueberschlag　46, 59
シンコペーション Ruckung　48

スケルツァンド Scherzando 24
スタッカート abstossen 37
スピリトーゾ spiritoso 24
スラー Schleifung, Bindungszeichen 36
切断 Verbeissen 47
先取音 Vorausnehemen (anticipare) eine Note → 音符 48
前打音 Vorschlag (port de voix 仏, appogiatura 伊) → フォアシュラーク 54
旋律的基本音符または旋律的主音符 Melodische Grund=oder Hauptnote 44
装飾 Manieren 44, 45
　−作曲上の装飾と演奏上の装飾に分類される。その違いは 44
　−単純な装飾, 多重な装飾 einfache, mehrfache 49
　−自由な装飾, 本質的な装飾 willkührliche, wesentliche 52
　−どの音に装飾をつけるべきか, その学び方 52
　−なぜすべての装飾を指示すべきか 53
　−3種類の表記法 53
　−演奏上の装飾における8種類 53 → 作曲上の装飾および演奏上の装飾 53
ソアーヴェ Soave 24
ターン 50 → ドッペルシュラーク 63
タイ Bindungszeichen 20, 36
調（モードゥス）Tonart (Modus) 39
　−調について 39
　−硬い調（長調）, 柔らかい調（短調）harte, weiche 40
　−各々2つの半音と5つの全音を持つ 41
　−24の調と調号 41, 42
タッチ Anschlag 11
　−キーをどのように打鍵すべきか
調号 Vorzeichnung der Tonarten 43
ツェルグリーデルング（分散）Zergliederung → ブレッフング 72
ツェルタイレン（細分）Zertheilen (die note) 47
手 Hand 11
　−動きはどうあるべきか 11
　−初心者は両手で練習する前に特に片手ずつ練習すること 12
ディスカント Diskant 39
撤回のための記号 Wiederrufungszeichen → 本位記号（ナチュラル）18
テノール Tenor 39
転換 Wendung 51
テンポ（ディ・メヌエット）Tempo (di Minuetto) 24
テンポ・ジュスト Tempo giusto 25
テンポ・ルバート Tempo rubato → フォラウスネーメン 49 イタリア人は様々な音の先取の仕方をそう名付けた
同度（1度）Einklang 40
ドッペルシュラーク（ターン）Doppelschlag (Doublé) 63
ドッペルフォアシュラーク(複前音)Doppelvorschlag 60
トラーゲン・デア・テーネ Tragen der Töne 37
トランクィラメンテ Tranquillamente 25
トリラー Triller
　−予備のある vorbereiteter 69
　−アクセント付きの accentuierter 69
　−シュヴェーベンデ（宙づりの）schwebender 69
　−ゲツォーゲナー（引き伸ばした）gezo-gner 69
　−ゲシュライター（シュライファーつきの）geschleifter 69
　−煩わしい終止の仕方 70
　−運指 83
　−すべての指で練習すること 11
　−美しく均等に打鍵するためには 12

－トリラーとは何か　65
－単純なトリラー einfacher　66
－2重あるいは複合トリラー Doppeltriller　67
－アップゲシュトッスナー（短縮された）トリラー abgesto ner　67
－フライアー（自由な）トリラー freier　67
－シュレヒター（簡素な）トリラー schlechter　67
－アンゲシュロッスナー（接続された）トリラー angeschlosner　67
－ゲブンデナー（結合された）トリラー gebundner　67
－プラルトリラー Pralltriller　68
ドルチェ Dolce ドルチェメンテ Dolcemente　24
トレンネン（分離）それは何か Trennen　47
ドロローソ Dororoso　24
ナハシュラーク（後打音）Nachschlag　装飾の1種　59
　　－トリラーにおける　67
2度 Secunde　40
2拍子　27
　　－2分の2拍子 Zweyzweytheiltact　27
　　－4分の2拍子 Zweyviertheiltact　27
拍の部分。強拍部（良い拍）弱拍部（悪い拍）Tacttheil, gute und schlimme　26
　　－単純偶数拍子における in den einfachen geraden Tactarten　26
　　－単純奇数拍子における in den einfachen ungeraden Tactarten　28
　　－複合偶数拍子における in den zusammengesetzten geraden Tactarten　28
　　－複合奇数拍子における in den zusammengesetzten ungeraden Tactarten　29
派生音 Nebenton　16　→音　16
半音上げる記号（嬰記号）Erhölungszeichen　16
半音下げる記号（変記号）Ermiedrungszeichen　16
反復記号 Wiederholungszeichen　35

－大反復記号 Wiederholungszeichen, das grosse　35
－小反復記号 Wiederholungszeichen, das kleine　35
バス Baß (der)　39
8分の9拍子 Neunachttheiltact　30
パッセージ Passage　51
バッハ（カール・フィリップ・エマヌエル）(Carl Phil. Eman.)　60, 64, 68, 69
ハーモニー Harmonie　40
速いテンポで弾くこと Geschwindspielen 初心者には有害である。なぜか　13
ハルトゥング（保持）Haltung (messa di voce伊)　48
ハルビーレン（半分割）Halbieren der Noten　47
ピアノ Piano ピウ・ピアノ piupiano　38
拍子 Tact
　　－それ自体の動き　23
　　－速さの3つの基準はイタリア語の形容詞で表わされる　23
　　－偶数拍子，奇数拍子 gerader, ungerader　25
　　－単純拍子，複合拍子 einfacher, zusammmen gesetzter　25
　　－単純偶数拍子 einfache gerade Tactarten　26
　　－単純奇数拍子 einfache ungerade Tactarten　28
　　－複合偶数拍子 zusammengesetzte gerade Tactarten　29
　　－複合奇数拍子 zusammengesetzte ungerade Tactarten　30
　　－珍しい拍子 ungewöhnlichere　28, 29, 30
　　－単純および複合拍子を組み合わせて用いる　31
　　－不適当な拍子　32
ひきずる Ziehen (die Note) → シュライフェン
ビンドゥング（スラー，タイ）Bindungszeichen　20, 36
フェアバイセン（切断）Verbeissen　47
フェルマータ Fermate　33

フォアシュラーク（前打音）Vorschlag (Port de voix, appoggiatura 伊) 54
　一正しい書き方 56
　一常に拍上に来なくてはならない 56
　一上行的 steigernder 57
　一下行的 fallender 57
　一接続的 geschlo ner 57
　一跳躍的 springender 57
　一転義の uneigentlicher 57
フォアハルト（前打音）Vorhalt 52, 54
フォラウスネーメン（先取音）Vorausnehmen (anticipare) eine Note 48
フォルテ Forte ピウ・フォルテ piu forte 38
複前打音 Doppelvorschlag 60
符点 Punct 20
　一音符の後に点を2つ付ける場合 20
　一付点休符 34　→ 休符 33
浮動的装飾 49　→ 作曲上の装飾 44
譜表 System, Klangleiter 19
　一音楽の諸記号のうちでそう呼ばれるもの 19
プラルトリラー Pralltriller 68
プレスト Presto 23
ブレッフング（分散和音,アルペッジョ）Brechung (Arpeggio, Batterien) 51, 72
　一アクセント付の（装飾された）accentuirte 51, 73
分散的装飾 Gebrochne Manieren 51, 72
分離 Trennen それは何か 47
ベー Be 16
　一小さいベー（フラット）das kleine 16
　一大きなベー（ダブルフラット）das grosse 18
　一四角いベー（ナチュラル）das viereckigte 18
　一フラットは4度ごとに生じる 42
ペザンテ Pesante 24
ベーブング Bebung 54　シュヴェーブングと同じ
変化記号（臨時記号）Versetzungszeichen 16
変過音 Wechselnote 45

変記号（半音下げる記号）Erniedringszeichen 16
変奏 Variationen 51
ベンダ（フランツ）Benda (Franz) 31
ポコ Poco allegro,adagio,forte,piano → 各語
保持音　→ ハルトゥング Haltung 48
ホールフェルト式ボーゲンフリューゲル Hohlfeldtischer Bogenflügel (clavecin a archet) 38, 54, 57
ボワヴァン Boivan フランスのオルガン奏者
　一前打音に関する説 56
本位記号 Wiederrufungszeichen 18
ポンポーソ Pomposo 24
マエストーソ Maestoso 24
マニーレン Manieren (装飾, 装飾音) 44　→ 装飾
身振り Gebährden 品のない身振りをどのようにして直すか 11
メッケルン Meckern 11
メノ Meno メゾ・ピアノ，フォルテ mezzo piano, forte 38
メスト Mesto 24
メロディー Melodie 40
モデラート Moderato 23
モードゥス Modus　→ 調 39
モルデント Mordent 71
　一突然休止型のモルデント abgeschnappter 71, 74
　一モルデントの運指 83
　一ラングザーマー（ゆっくりした）モルデント langsamer Mordent 71
指 Finger　→ タッチ, 手 11
　一すべての指を同じように使う 13, 76
　一小指の使い方 77
ユーバーシュラーク（上打音）Ueberschlag 46, 59
4度 Quarte 40
4拍子
　一4分の4拍子 Vierviertheiltact 不当にも，いや

　　　　しい拍とか簡素な拍と呼ばれている　26
　　－2分の4拍子　Vierzweytheiltact　26
ラグリモーソ　Lagrimoso　24
ラルゴ　Largo　24
ラングイード　Languido　24
リュックング（シンコペーション）　Rückung
　　（syncope）　48
リュックヴァイザー（反復記号）　Ruckweiser
　　（renvoi）　36
臨時記号　Versetzungszeichen　43
ルーグブレ　Lugubre　24
ルーエツァイヒェン　Ruhezeichen　33

ルジンガンド　Lusingando　24
レント　Lento　24
6度　Sexte　40
6拍子　29
　　－4分の6拍子　Sechsviertheiltact　29
　　－8分の6拍子　Sechsachttheiltact　30
ロレ　Rolle（Groppo伊）　50
　　－小さな補助音符が前に書かれる　64
　　－回転的音型　50
　　－運指　→運指
ロンドー　Rondeau　35

表XV〔応用曲〕

表XVI〔応用曲〕

109

表XVII〔応用曲〕

表XVIII〔応用曲〕

F・W・マールプルク著『クラヴィア奏法』によせて

山田 貢

　本書は Anleitung zumClavierspielen, der schönern Ausübung der heutigen Zeitgemäß entworfen Friedrich Wilhelm Marpurg (1754 / 65) の全訳である。

　マールブルグは1718年ブランデンブルグ地方に生まれ，1795年にベルリンで没した。若くしてパリ滞在を経験したのはある陸軍中尉の秘書となったことによる。彼が後にベルリンに来ることができたのも，このローテンブルク伯のおかげであった。どのような音楽修業によって理論家，評論家として世に出たかは，はっきりとしない。J.S.バッハの弟子たち，ゲルバーやキルンベルガーとの出会いは「フーガの技法」初版への序文を書くという栄誉を彼に与えた。1763年生活安定のため，国営のロッテリー運営機関に就職、終生その職にとどまった。彼の主な活動期間は厳密にはそれ以前であり，以後の音楽的活動は匿名のものに限られた。作曲は僅かではあるが，鍵盤曲では「6つのソナタ」、「フーガとカプリッチオ」、そして編纂者として様々なシリーズものやアルバムを手がけ「ベルリン歌曲集」などが発表された。

　18世紀は啓蒙主義思想によって数々の教則本や理論書が次々に現れた。背景にクラヴィーアの普及によって底辺が飛躍的に広がり，その数が驚異的に増加したことがあげられる。C.P.E.バッハの「ロンドとファンタジー曲集」には「識者と愛好家のため」の形容句が添えられたことを思えば想像にかたくはない。マールブルグの『クラヴィーア奏法』は彼自身の，殆ど同名の Die Kunst das Clavier zu spielen ,1750にひき続き出版されたが、公開の順序という観点からいうと，Ph.クリストフ・ハルトゥングの『音楽家の理論と実践』Musicus theoriticus-practicus, 1749 やC. P. E.バッハの『試み…』といった直接的先行に続いた形となっている。

　本書を手になさった読者諸氏は，内容があまりにも基本的で，なんら新しい展望を与えてくれぬという失望をかくすことができないかもしれない。以前サン・ランベールの「クラヴィーア奏法の原則」にとりかかったとき，同様な感想が脳裏をかすめたのを覚えている。これら，楽典の説明に主部をしぼったものが現代の我々にもたらすものは，一見退屈かもしれない。だが、18世紀の執筆者がいろいろとアピールする事項の中から微少でもよい，差異を読み当てる中にこそ大きな価値があると言いたい。比較分析の蓄積は必ずやひとつの時代概念を形成するはずである。例えば休符の付点，♯や♭の重ね方，Adagio, Grave, Lento などのおそい順序といった課題を設定して読み進むことをお奨めしたい。サン・ランベールの「クラヴィーア奏法の原則」にせよ，クープランのものにせよ出版は献呈と結びついたごく小さなサークルを相手とすればよかった。小部であるのは

そのためである。マールブルグのものが上記それぞれ60, 71頁に対して75頁であるのは、文章がごく詰まっていることに起因するが、よりコンパクトさを求めた結果であると見ることができる。

G・テュルクの「クラヴィーア奏法」(1789) に至りその内容は網羅的となり、初めて大部なものとなる。次ページに奏法を扱った文献の流れを略記したが、装飾事項への根元的説明が確立されたちょうど中点にたつのがマールブルグであると観察できる。法律文のようにがっちり組まれ誤解の入り込む余地を許さない、音楽書であるにもかかわらず譜例を少なくし努めて言語力に預かろうとしている*。音楽家らしい気分的説明の多いクープランのそれとは対極的な違いをみせている。マールブルグでこのような説明がもっとも冴えているのは、トリラーの箇所であろう。それに関してJ.S.バッハのExplicationにせよクープランやラモーのものにせよ、書いた本人しか分からない部分ができてしまい、これがもたらす説明の放置がみうけられる。受け手の想像力に任すといおうか、「何らかの解釈できりぬけなさい」といった謎や疑問をできる限り縮小してくれるのが、著者の功績といえるだろう。とはいえ18世紀著者を舌足らずとおもう我々は、あまりにも多い反対概念にとりつかれていると思わなくてはならない。

　音階の運指法についてはハルトゥングが開き、C.P.E.バッハもマールブルグもそれを踏襲したというイソルデ・アールグリムの観察は興味深い**。古い指使い（3指の2, 4指上を越える方法）も18世紀中葉で、まだ説明事項として残されている。これは当時の鍵盤の形状からみて、至って当然のことと思える。

　気になる先行書籍への異論、例えばハルトゥングに対してだろうと思われる同一鍵盤上での指替え12345 4321は実際的ではない、というあたりは当時の人々がかなり日常的に行っていたとしておおらかに観察したい。運指法として問題になるバッハのWohltemperiertes Clavier第2巻から、あるいは「音楽の捧げ物」からの引用は誰でもすぐに気がつくだろう。

　もうひとつ云い添えたいことがある、それは原書がドイツの外来文化導入に対する地道な努力であり、表情記号など、どうしたら的確にドイツ語化できるだろうかという彼らの過程に引き込まれつつの翻訳はさぞ難儀であったろうと思う。微妙なニューアンスの違いはいつも付いて廻るものであろうから.....

　譜例は参照を楽にするため、元のナンバー（表1－00）を保ちつつ文章の当該場所に配置替えした。

* もっとも、独特な表現の故に受け取る側が迷ってしまう箇所がない訳でもない。
(1) 本書81頁の4)である。Fr. クープランの『クラヴサン曲集』に付随するExplication des Agrémens, et des Signesのなかで特殊奏法を指す事項、つまり「各拍の第二音上に点がつけられているクー

マールプルクの主な著作，論評，編集

Die critische Musicus an der Spree 1749-50
「シュプレー河畔の批判的音楽家」

Die Kunst das Clavier zu spielen 1750
「クラヴィーア奏法」

Abhandlung von der Fuge nach den Grundsätzen der besten deutschen und ausländischen Meister 1753
「内外の巨匠によるフーガ論」

Historisch-kritische Beyträge zur Aufnahme der Musik 1754 -78
「音楽受容に関する歴史―批判的論文集」

Anleitung zum Clavierspielen, der schöneren Ausübung der heutigen Zeit gemäß 1754
「クラヴィーア奏法入門，時流にかなった」本翻訳

L´Art de toucher le clavecin 1755
「クラヴィーア奏法」 1750の仏訳

Handbuch bey dem Generalbässe und der Composition mit zwei-drei-vier-fünf-sechs-sieben-acht und mehreren Stimmen 1755
「ゲネラルバス，2声以上の作曲におけるハンドブック」

Systematische Einleitung in die musikalische Satzkunst, nach dem Lehrsätzen des Herrn Rameau 1757
「ラモー氏の教程による作曲法への体系的序説」

Versuch über die musikalische Temperatur, nebst einen Anhang über der Rameau und Kirnbergerischen Grundbass 1776
「調律法試論―ラモー，キルンベルガーの方法を含む」

読む者にとって，この文章は難物である。即座に従属文の内容不一致に気づき受け取り方の認めることととなる。この場合、マールブルグは第一音と言って，指をとばす最初の音，拍上の第二音（3指）を指している。

(2) 記号と実感の間に存する問題であるのだが，本書73頁、アルペジオの記譜法は彼の様式そのものであり，より普遍性をもった他の表記法とは相容れない。多様性の中に於ける他との異同がここにもあるとすれば，これも比較研究の一つの収穫となることだろう

　重嬰と重変に関する記譜法はJ.S.バッハのものと全く同じである；調号を一つ目とし，加えられた♯や♭を重嬰と重変と考えたインヴェンション 6 の T.29f、9 の T.23 と 25, また，WK. 第 1 巻の es-Moll 前奏曲と dis‐Moll フーガ の重嬰・重変箇所を自筆譜で見るならば明白である。

1. Spiridion a monce Carmelo , Nova instructio pro pulsandis organis, 1670
2. Alessandro Poglietti ,Compendium oder kurzer Begriff und Einführung zur Musica, 1676
3. Daniel Speer, Grundrichtiger Unterricht der musikalischen Kunst ,1678
4. Johann Baptist Samber , Manuductioad Organum , 1704
5. Johann Mattheson, Kleine Generalbaß schule,1735
6. Franz Anton Meichelbeck, Die auf dem Klavier lehrende Caecilia, 1738
7. Lorenz Christoph Mizler, Anfangsgründe des Genaralbasses, 1739
8. J. F. B. C. Majer , Museum musicum, 2te Aufl. 1741
9. Philipp Christoph Hartung, Musicus theoritico-practicus, 1749
　　＊＊ Wissenschaftliche Studienbibliothek Peters
10. C. P. E. Bach , Versuch über die wahre Art, das Clavier zu spielen, 1753
11. Jacob Adlung , Anleitung zu der musikalischen Gelahrtheit, 1758

レにおいてはその音は一層保持される」が，マールブルグの中に伝承・引用されていると期待しつつ読む者にとって，この文章は難物である。即座に従属文の内容不一致に気づき受け取り方の非を認めることとなる。この場合、マールブルグは第一音と言って，指をとばす最初の音，拍上の第二音（3指）を指している。

(2) 記号と実感の間に存する問題であるのだが，本書73頁、アルペジオの記譜法は彼の様式そのものであり，より普遍性をもった他の表記法とは相容れない。多様性の中に於ける他との異同がここにもあるとすれば，これも比較研究の一つの収穫となることだろう

重嬰と重変に関する記譜法はJ.S.バッハのものと全く同じである；調号を一つ目とし，加えられた♯や♭を重嬰と重変と考えたインヴェンション6のT.29f，9のT.23と25，また，WK.第1巻の es-Moll 前奏曲と dis-Moll フーガ の重嬰・重変箇所を自筆譜で見るならば明白である。

1. Spiridion a monce Carmelo , Nova instructio pro pulsandis organis, 1670
2. Alessandro Poglietti ,Compendium oder kurzer Begriff und Einführung zur Musica, 1676
3. Daniel Speer, Grundrichtiger Unterricht der musikalischen Kunst ,1678
4. Johann Baptist Samber , Manuductioad Organum , 1704
5. Johann Mattheson, Kleine Generalbaß schule,1735
6. Franz Anton Meichelbeck, Die auf dem Klavier lehrende Caecilia, 1738
7. Lorenz Christoph Mizler, Anfangsgründe des Genaralbasses, 1739
8. J. F. B. C. Majer , Museum musicum, 2te Aufl. 1741
9. Philipp Christoph Hartung, Musicus theoritico-practicus, 1749
　　＊＊ Wissenschaftliche Studienbibliothek Peters
10. C. P. E. Bach , Versuch über die wahre Art, das Clavier zu spielen, 1753
11. Jacob Adlung , Anleitung zu der musikalischen Gelahrtheit, 1758

監修者および訳者略歴

監修者：山田　貢　東京芸術大学楽理科卒業。1962年，オーストリー，モーツァルテウムのチェンバロ科卒業。チェンバロ奏者，楽器研究家。東京芸術大学，上野学園大学で教鞭をとる。1974年，1977年ルツェルンほか各地の音楽祭に出演。岐阜聖徳学園大学，大学院教授。
著書：「バッハとラウテンクラヴィーア・失われた楽器を求めて」
訳書：G・フロッチャー著「バロック音楽の演奏習慣」　E・ハリヒ・シュナイダー著「チェンバロの演奏法」　H・P・シュミッツ著「バロック音楽の装飾法」ほか

訳者：

井本晌二　1943年，東京大学文学部ドイツ文学科卒業。東京都立大学大学院ドイツ文学専攻博士課程中退。現在，横浜国立大学教授。
訳書；ドイチュ，アイブル編「ドキュメンタリー・モーツァルトの生涯」　J・M・キャンベル著「ショパンをひく」　M・デックライター著「スコアの読み方」　K・ヴェストファール著「天才の条件・音楽家の場合」　H・Ch・シャーパー著「西洋音楽史・上下」ほか
O・ホルスト著「中世ヨーロッパ生活史」　A・ホルスト著「中世の巷にて」　K・ビショフ著「エディプスの謎」　F．ザイフェルト著「中世の光と影」ほか

星出雅子　武蔵野音楽大学音楽学部ピアノ科卒業。1976年，ドイツ，ケルン音楽大学へ留学，1979年卒業。和泉短期大学非常勤講師。1980年〜2001年，尚美学園非常勤講師。
共編著：「保育音楽の為のピアノレッスン・ファーストステップ」
訳書：L・ハマレーザー著「音楽理論・考え方・解き方」（共訳）

クラヴィア奏法

著　者	フリードリヒ・ヴィルヘルム・マールプルク
訳　者	井本晌二，星出雅子
発　行	2002年12月
発行者	南谷周三郎
発行所	株式会社シンフォニア 東京都中央区日本橋蛎殻町 1−30−4 TEL 03-3669-4966　FAX 03-3664-3170 〒103-0014

不良品はお取り替え致します